産経NF文庫
ノンフィクション

明治を食いつくした男
大倉喜八郎伝

岡田和裕

JN130927

潮書房光人新社

大倉喜八郎

まえがきに代えて――渋沢栄一と大倉喜八郎

大倉喜八郎は一九二八年、昭和三年に九二歳の人生を終えた。喜八郎とは生涯、公私にわたって深い交遊のあった渋沢栄一は、死の四日前に病床の喜八郎を見舞った。喜八郎は渋沢が差し出す手を握り返したが口は開かなかった。それほど衰弱していた。

渋沢は喜八郎の追悼集にこう記している。

「顧みるに、維新以来、自分たちと方向を共にして、共に実業界に立った友人も随分《ずいぶん》会ったが、今は殆《ほとん》どその跡を絶って、今に生き残っているものは是に暁天の星よりも少ない観がある。

就中《なかんずく》鶴彦翁は、私にとって唯一の老友であったが、ついに病魔の冒《おか》すところとなって斃《たお》れた。

『あゝ、大倉もついに逝《い》ったか！』

私は、これで、唯一の老友を失くしたわけである。

四、五年前だったと思うが、ある会合の席上で、共に一〇〇歳を越してみようと笑ったことがあり、翁《おきな》も元気なら、大抵一〇〇歳は越すであろうと思っていたが、矢張り年には勝てなかった」

その頃のことなのであろうか、渋沢は「四〇、五〇は洟《はな》垂れ小僧、六〇、七〇は働き盛り、九〇になって迎えが来たら、一〇〇まで待てと追い返せ」と言い、喜八郎も「四〇、五〇は洟垂れ小僧、男盛りは八、九〇」と言っている。残念ながら渋沢と喜八郎も一〇〇には届かなかった。共に享年は九二歳だった。

喜八郎が医師から大腸ガンと告げられたのは死の少し前のことだが、本人はその前から腹部に違和感があって、周囲の者に「現代の医学では根治は不可能だろうが、医学が進歩して治るようになる頃には寿命は尽きている」と漏らしていた。

一〇〇歳は無理と、本人は自覚していたのであろう。

渋沢は第一国立銀行（現みずほ銀行）など約五〇〇社の設立にかかわり「日本の資本主義の父」と呼ばれている。渋沢が言う「方向を共にして」とは、等外国家として誕生した日本の近代化を目指すことにほかならず、詳細は本文に譲るが、その多くの場面で二人は同じ舞台にいた。発起人であったり、出資者であったり、株主であったり。東京商工会議所、東京電力、サッポロビール、帝国ホテル、帝国劇場等々。

これはたまたま利害が一致したというのはあてはまらない。企業家として、あるいは人と

良き理解者で終生の友であった渋沢栄一（左）と喜八郎

しての考えに、二人には多くの共通点がある。

一個人がいかに富んでも、社会全体が貧乏であったら、その人の幸福は保証されない。その事業が個人を利するだけでなく、多数社会を利してゆくものでなければ、決して正しい商売とはいえない。

お金をたくさん集めて、たくさん使うことで社会を活発にし、経済の発展を促すのがよい。お金持ちはよく集めると同時に、よく使わなければならない。

信用はそれが大きければ大きいほど、大いなる資本を活用することができる。世に立ち、大いに活動せんとする人は、資本を造るよりも、まず信用の厚い人たるべく心がけなくてはならない。

どんなに勉強し、勤勉であっても、上手くいかないこともある。これは機がまだ熟していないからであるから、ますます自らを鼓舞して耐えなければならない。

以上は渋沢の言葉として、今日に伝わっているもので、今に生きている。

次は喜八郎が、事に当たって心掛けてきたことである。

事業上のことは人事を尽くして天命を待つことにしている。人間の能力は万能ではないから、如何《いか》に万全を期しても、やはり違算あり、障碍《しょうがい》起こりて意外の頓挫を惹起することを免れぬ。失敗したら又盛り返し、それを繰り返すところに事業の趣味もあり、胆力も座り、人物も鍛えられるのである。

損という事の味が分からない人には、また儲けるということの呼吸も分かるものではない。事業家として一事業でもやってみようというには、この損得の勘定というものをよく胸に畳み込まなければ何事もできない。利息勘定するようになって、金に執着心が付いては、もはやお仕舞である。

商人としての成功、失敗の分かれ目は、この四ヵ条を守ると守らないかにある。
一、正直であらねばならない。商売を始めるには資本は必要だが、たとえ金はなくても、他人の資本で取引が出来るもので、人も安心して財産の管理を任せてくれる。
二、進取の観念というものを脳裏に注入することが最も必要だ。東洋交易の起源の歴史を見ても、すべて西洋人は進取の気象より成功したものといえる。今日の日本の商人は、この気象に富んでいる人が至って少ない。
三、義務を果たす根性が強くなければならない。一言約束したならば印紙を貼った証書よりも確かに、これを果たすという言葉の名誉を重んじる観念が大切である。
四、辛抱、すなわち忍耐ということである。商人は実にこの辛抱、即ち忍耐がなければならぬ。人間世界というものは、誠に気に食わないことばかり多いもので、殊に商売には苦痛、困難が終始ついて回る。じっと耐えてやり通せば、いつの間にか成功が我を迎えるようになる。

渋沢と喜八郎とが多くの場面を共有したのは、相互の立場、損得だけではなかった。

話は変わるが、渋沢栄一が「お札の顔」になる。それも一万円札で、聖徳太子、福沢諭吉に次いで三人目で、初めて実業家が採用され、日本の歴史上、「三番目の偉人」になった。

政官界に比べて実業界が不当に低く見られていることに憤慨して東京商工会議所を立ち上げ

るなど、実業家の社会的地位の向上に力を注いできた渋沢にとっては、まさに本懐であろう。

冥界の喜八郎にインタビューしてみた。

「渋沢さんは渋沢さんさ」

渋沢は一九一六年、七六歳で第一銀行を除いて、すべての事業から身を退いた。三歳年下の渋沢が引退したことをどう思うかと聞かれた時、「渋沢さんは渋沢さんさ」と喜八郎は答えた。今回も同じ答えが返ってきた。

明治を食いつくした男　大倉喜八郎伝――目次

第六章　満洲と喜八郎

第七章　大倉と土木

第八章　有限責任日本土木会社

第十二章　文化、教育の理解者としての喜八郎

エピローグ　「バロン・オークラ」大倉喜七郎

明治を食いつくした男大倉喜八郎伝

プロローグ　大倉喜八郎は何者か⁉

感涙会

一九二八年、昭和三年四月八日、東京・向島の大倉喜八郎（以下喜八郎）の別邸の蔵春閣では恒例の感涙会が開かれた。感涙会は一九〇八年（明治四十一年）に喜八郎が政財界、文化界を問わず親交のある知人を別邸に招いて歓談、各自が随意に座興を披露するなどしてひと時を過ごしたのが始まりで、以来、釈迦の誕生日の灌仏会《かんぶつえ》の四月八日に開かれるのが恒例となった。初回は三〇余名だった参会者は、いつしか二〇〇人から三〇〇人を数え、一流料亭の弁当が振舞われ、広い庭園には模擬店が出る賑わいとなった。招待状に「当日は数番の演芸があるから感涙の種切れにならぬよう今よりお蓄え置きくだされたく」とあったことから感涙会の名がある。感激のあまりに涙を流すということで、作家の饗庭篁村《あえばこうそん》（一八五五〜一九二二）が皮肉をまじえて「御招待を受けた日から十二分に涙を貯めて置き候につき当日お裾分けしても宜しい」と返事したことから、感涙会の名があるともされている。饗庭は『モルグ街の殺人』などで知られるアメリカの作家、エドガー・アラン・ポーの作品を日本に初めて翻訳したことで知られている。

この年の主な参会者は小村欣一（小村寿太郎の子）、溝口直亮（新発田最後の藩主溝口直正の子）、石黒忠悳（日本赤十字社社長）、清浦奎吾（首相）、渋沢栄一（第一国立銀行頭取）、森村市左衛門（ノリタケ、東陶の創業者）、有賀長文（三井合名常務理事）、大橋新太郎（博文館、共同印刷創業者）、川村徳太郎（新橋演舞場初代社長）、安田善三郎（安田財閥創始者安田善次郎の子）、鈴木荘六（陸軍大将陸軍参謀総長）、服部金太郎（服部時計店の創業者）、藤山雷太（藤山コンツェルンの創始者）、馬越恭平（大日本麦酒初代社長）、鈴木三郎助（味の素創業者）、諸井恒平（秩父セメント創業者）、久米民之助（久米組創業者）、福地信世（福地桜痴の子、地質工学者）ら三〇〇余人。

当日、あいにくと喜八郎は三月二十八日から風邪気味で三八度の熱を出し、四日間安静の後、ようやく平常に戻ったところだった。もとより渋沢栄一はそのことは承知していたが、喜八郎のあまりにも衰弱した様子を見て会を三〇分ほどで切り上げて帰った。それでも喜八郎は午前十一時の始まりから三時間余、正装のうえ端座して諸氏の芸を鑑賞した。「感涙も嬉し涙とふりかわり、踊れや踊れ雀百まで」「なからえるまでなからへて千歳經よ杖を九十九の坂をこゆまで」「いたつらになからふ身にもありかたや、君の大賀にまかると思えば」と得意の狂歌三首を、あらかじめ病み上がりとも思えぬ筆勢でしたためてあったものを披露した。

向島の別邸のシンボルの蔵春閣。高さは約9.7メートル。設計に１年を費やし、1909年に着工、約４年の歳月を経て1912年に竣工。喜八郎は周囲とのバランスをとるため、在来の庭を全部破壊して造り直させた（撮影・岩﨑和雄）

それにしても赫々たるお歴々の目的が豪華弁当であるはずがない。東京朝日新聞の主筆として健筆を揮《ふる》った池辺三山（一八六五～一九一二）は喜八郎を「稚気の男」と評したが、喜八郎の稚気を享受する風流を心得た者たちが、季節柄、隅田川の桜と共にひと時を楽しんだのであろう。

向島の別邸のことだが、喜八郎が一八七九年（明治十二年）、四二歳（以下年齢は数え年とする）の時に隅田川堤に二千数百坪の土地を入手、一五〇坪の家を建てたのが始まりで、江戸時代、隅田川は大川と呼ばれ、江戸市中の運輸の大動脈として川の両岸は大変に賑わい、明治になっても江戸情緒が色濃く残っていて、喜八郎の大層なお気に入りであった。有名な落語「花見

榎本武揚

幸田露伴

酒」は向島が舞台で、徳川八代将軍吉宗が大川堤に桜を植えたことから江戸庶民の憩いの場となった。

別荘を設けた四年後、喜八郎は成島柳北（一八三七～八四）らと隅田川堤に一〇〇〇株の桜を植え、その後も随時植え足し、日清戦争の頃には桜のトンネルとして新たな名所となった。成島は旧幕臣で将軍の侍講（家庭教師のような存在）として若くして学者としての才能を発揮、維新後は自ら「天地問答無用の人」と称し、遊びもよくしたが、文明開化の風潮に強く反発した硬骨の人であった。

榎本武揚と幸田露伴

この頃、向島には榎本武揚（一八三六～一九〇八）、幸田露伴（一八六七～一九四七）の住まいがあった。函館五稜郭にたてこもり、最後まで新政府に抵抗した、あの榎本である。その榎本が、どういう経緯からか喜八郎の古希の祝の司会を務めている。尾崎紅葉と並ぶ人気作家の幸田は、喜八郎の別邸招致の再三の誘いを、ある先入観で断り続けていたが、ある時、たってと招待され、同じ向島の住人として、これ以上無視も出来ないことから参会した。

余談になるが、幸田には海軍大尉の郡司成忠という兄がいる。北の海を我がもの顔に振舞うロシアから千島列島を死守しようという運動が起こり、郡司は海軍を退役して千島報效義会を結成、一八九三年（明治二十六年）三月、数万人もの歓声に送られて、総勢五十数名が五隻のボートに分乗して隅田川を出発、はるか三五七〇キロ彼方の千島列島最北端の占守島を目指した。この壮挙に天皇からの恩賜金を始め方々から寄付金が集まり、帆船を雇えるほどの金が集まったが、郡司はあくまでボートに拘《こだわ》った。しかし小さな帆とオールだけで外洋を乗り越えるのは無理で、二隻が難破し一九人の犠牲者が出た。

幸田は喜八郎が千島報效義会に三万六〇〇〇円を寄付していたことを知らなかった。ソロバン一筋と思っていた喜八郎の意外な側面を知った幸田は、以来、喜八郎との親交を深め、狂歌集の序文を引受けるまでの仲になった。郡司は幕臣幸田成延の次男に生まれ、幼い時に郡司家の養子に行き、四男が露伴。ちなみに日本人として初めて南極大陸の一角に上陸することに成功した白瀬《しらせ》矗《のぶ》（一八六一～一九四六）も千島報效義会の一員だ。

蔵春閣

話は前後するが、別邸を設けた翌一八八〇年（明治十三年）、喜八郎は赤坂葵町の本邸（元前橋藩松平大和守屋敷、九〇〇〇坪）の建物の一部を別邸に移したといわれる。一九一二年（大正元年）には蔵春閣を新たに建造。三三畳の畳敷の大広間は豊臣秀吉が建てた桃山

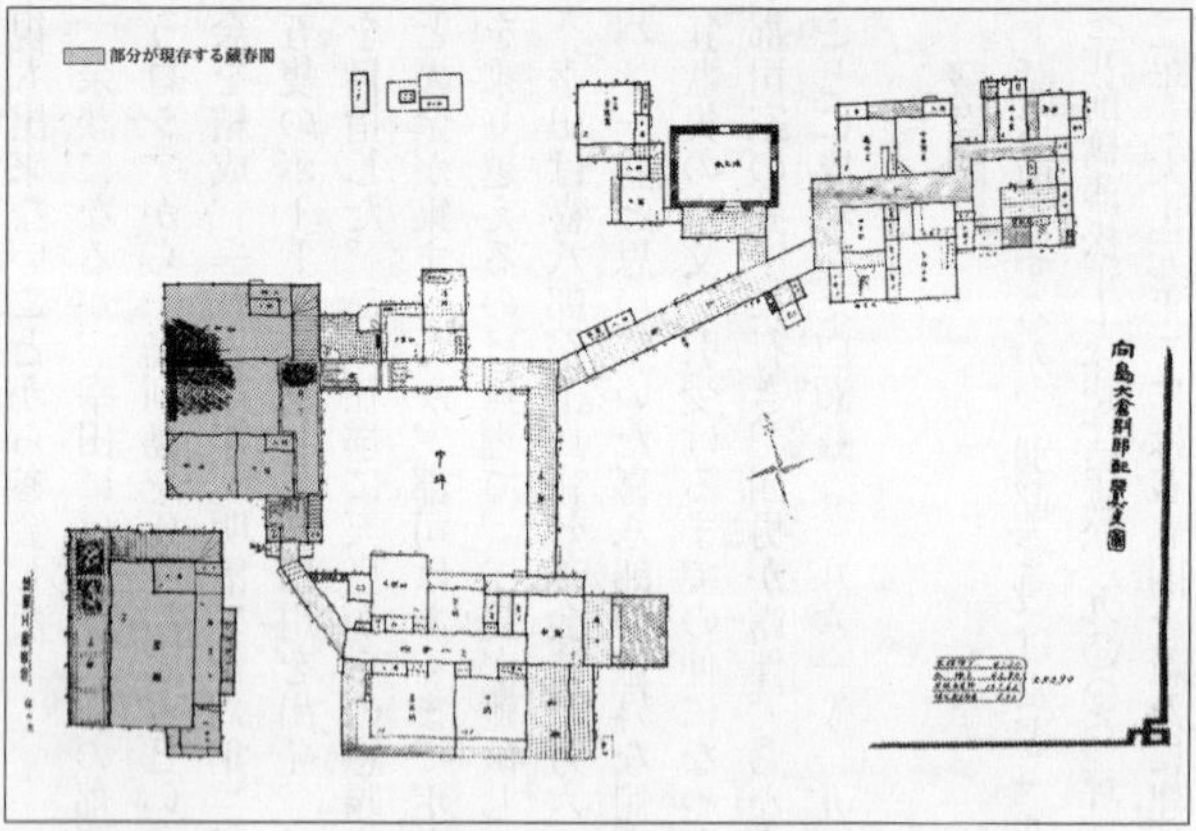

別邸の見取り図。そもそもは喜八郎が1879年に隅田川堤に二千数百坪の土地を購入したことから始まる。図面からもその広大さがうかがえる（建築工藝叢誌より）

御殿の御成りの間を模したとされる豪華絢爛たる純日本風二階建てで、一部に成金趣味として不評を買ったが、感涙会では上座下座の別なく招待客はそれぞれお気に入りの場所に陣取って宴の一刻を楽しんだ。喜八郎は別邸全体の調和を考えて、これまでの庭をすべて取り壊し作り直したほどの熱の入れようだった。建てるにあたって喜八郎は、当時の建築界を代表する片山東熊、妻木頼黄、伊東忠太らに相談。設計は大倉土木組（大成建設の前身）の今村吉之助が、施行には同組の山中彦三があたった。

蔵春閣のその後のことだが、幸いなことに関東大震災、第二次世界大戦の東京大空襲の二度の災禍を免れたが、一九四五年のGHQによる財閥解体令によって大倉財閥が解体されたことで、大倉の手を離れ朝日土地興業から三井不動産の手に渡り、二〇

畳33敷きの2階大広間。秀吉が建てた桃山御殿の「お成りの間」を模したとされている（撮影・岩﨑和雄）

一二年に同社から大倉文化財団に寄贈され、大成建設の手で解体し、喜八郎の出身地、新潟県新発田市に再建されることになっている。

喜八郎の日常は「第一が仕事、第二が文学、第三が遊び」で、事業活動の場は赤坂本邸で、文人墨客との交遊、狂歌などの趣味や遊びは向島別邸と場所的にも分けていた。喜八郎にとって感涙会はそういう場であったのであろう。蔵春閣は明治期に建てられた現存する日本風大邸宅の数少ない一つで、また伊藤博文らが私的な会合の場として、しばしば用いたことから歴史的建造物という見地からも再建が待たれる。

各界の名士が参会

第一回から喜八郎が没した翌年に開かれた追悼のための感涙会までの主な参会者は以下の通りで順不同、肩書は筆者の独断で代表的なもの一つとした。

・政官界　蜂須賀茂韶《もちあき》（文相）、東久世通禧《みちとみ》（侍従長）、土方久元（宮内大臣）、後藤新平（満鉄初代総裁）、阪谷芳郎（東京市長）、伊東巳代治（農商務大臣）、末松謙澄（内務大臣）と夫人（伊藤博文の娘）、杉山茂丸（アジア主義者）、山県有朋（首相）と夫人と令嬢、石井菊次郎（外務大臣）、中村雄次郎（満鉄四代総裁）、川村竹治（満鉄八代総裁、台湾総督）、久原房之助（逓信大臣）、望月圭介（内務大臣）、森恪《つとむ》（政友会幹事長、外務政務次官）、林博太郎（満鉄十三代総裁）、添田寿一（鉄道院総裁）、有田八郎（外務大臣）、高木兼寛（海軍軍医総監）、木村清四郎（日銀理事）。

・実業界　浅田徳則（東京電力社長）、手塚猛昌（東洋印刷社長）、高崎親章（日本製鋼所社長）、尾高次郎（東洋生命保険社長）、河島醇《あつし》（勧銀初代総裁）、近藤廉平（日本郵船社長）、安田善次郎（安田財閥創始者）、横山孫一郎（帝国ホテル取締役）、大川平三郎（大川製紙社長）、中島久万吉（古河電工社長、後に中島飛行機社長）、根津嘉一郎（根津財閥創始者、東武鉄道社長）、村井吉兵衛（村井財閥創始者）、中橋徳五郎（大阪商船社長）、高田慎蔵（高田商会創業者）、団琢磨（三井合名理事長）、岩原謙三（芝浦製作所社長）、梶原仲治（横浜正金頭取）、小野英二郎（興銀総裁）、串田万蔵（三菱銀行会長）、昆田文次郎（古河合名理事長）、成瀬正恭《まさやす》（十五銀行頭取）、浅野総一郎（浅野財閥創始者）、安川雄之助（東拓十代総裁）、矢野恒太（第一生命保険社長）、山下亀三郎（山下汽船創業者）、光永星郎（電通創業者）、木村久寿弥太（三菱合資総理事）、益田孝（三井物産初代社長）、野崎広太（中外商業新報社長）、神戸挙一（東京電燈社長）、門野重九郎（大倉組副頭取）、福沢桃介（大同電力創業者、福沢諭吉の婿養子）、山本悌次郎（台湾製糖社長）、福井菊三郎（三井合名理事）、高崎親章（日本製鋼社長）、林愛作（帝国ホテル支配人）、志立《しだち》鉄次郎（興銀二代総裁）、美濃部俊吉（朝鮮銀行総裁）、柳生一義（台湾銀行頭取）、内藤久寛（日本石油創業者）、木村清四郎（日銀理事）、藤田謙一（東京商業会議所会頭）。

・文化演劇界　幸田露伴（作家）、岩谷小波（児童文学者）、半井桃水（作家）、三島通陽（作家）、松浦厚（漢詩人）、杉村楚人冠（文筆家）、平岡熙（平岡工場主、日本への野球の導入者）、片山東熊（建築家）、佐藤梅園（書家）、三浦勤之助（東京帝大医学教授）、川合玉堂（画家）、結城素明（画家）、平福百穂（画家）、原宏平（歌人）、永井鳳仙（演芸記者）、尾上梅幸、尾上松助、松本幸四郎、沢村宗十郎、守田勘弥（以上歌舞伎役者）、藤間勘右衛門、藤間勘寿郎、藤間房子（以上日本舞踊の舞踊家）、杵屋六左衛門（長唄家元）、川村菊江、森律子（以上帝国劇場女優）、福地源一郎（ジャーナリスト）。

福地源一郎

・外国人　クローデル（フランス大使）、アートレ夫妻（米国大使館書記官）、張紹載、陳金、黄克綸（以上中国大使館）、黄緒盧、周大文（張学良の顧問）、章宗祥（支那公使）。

仕事と関わる人もいたであろう、仕事と関係なく趣味を共有する人、遊び仲間もいたであろうが、それにしても喜八郎の広範な人間関係に驚く。山県有朋は本人だけでなく夫人・令嬢も参加している。一九二〇年（大正九年）に小田原の山県の別荘の隣に別荘を作ったことで庭続きの付き合いとなり、墓所も護国寺（東京・文京区）で隣り合っている。山県は陸軍大臣、首相を歴任し、最後の元老として大正期まで絶大な権力を有した。余談だが山県は生涯に九つの別荘を持った。長州吉田村につくった無鄰庵が第一号で東京の椿山荘、大磯の小陶庵、京都の無鄰庵、東京・小石川の新々亭、小田原の皆春荘、東京・麹町の新椿山荘。

満鉄の総裁経験者が四人いるのは、喜八郎が本渓湖煤鉄公司を始め満洲に幅広く事業を展開していたことと無関係ではない。三井関係者が多いのと対照的に三菱系の人物が少ないのは喜八郎の立つ位置を物語っている。渋沢栄一、益田孝と盟友関係にあった喜八郎は三菱系の人とは、おのずと疎遠になった。

渋沢栄一が何者かは一つの言葉では言い表せないが、ここでは日本資本主義の生みの親としておこう。益田孝は三井物産の創立に関わり初代社長。石黒忠悳《ただのり》は初期における日本の軍医制度の確立者で陸軍軍医総監を経て日本赤十字社四代目社長となった。石黒は平野良忠の子として岩代国（福島県）に生まれたが、幼少時に越後（新潟）の石黒家の養子となり石黒を名乗ったことから喜八郎の同県人として付き合い、大倉商業学校設立の際は助言者として、その後は理事として運営に関わるなど公私にわたって得難き親友といえる存在であった。また後藤新平の資質を見出し、児玉源太郎に推挙したことでも知られる。石黒との出会いがなければ、後の後藤新平は存在しなかったかも知れない。福地源一郎は福地桜痴の方が通りがいいだろうが、明治期を代表するジャーナリスト。福地が発案し、実業家千葉勝三郎の協力で一八八九年（明治二十二年）に完成した日本初の大型劇場歌舞伎座の工事を請けたのが喜八郎で、感涙会に歌舞伎、演劇関係者が多く参加したのも、こういう縁による。

倒れる

一九二六年（大正十五年）十二月二十五日、大正天皇が崩御。明けた二七年二月五日、天皇の棺を安置する殯宮《ひんきゅう》の儀式に参列した喜八郎は途中で倒れた。喜八郎は、次の日に、宮内省に一九一五年に経済発展に尽くした功績によって授与された男爵を息子の喜七郎に譲る旨を届け出た。九一歳の喜八郎の身体は、この時すでに病魔に蝕《むしば》まれていた。余命がいくばくもないことを悟った喜八郎は、人生の幕引きのことを考えていた。前年の二六年には九〇歳で南アルプス赤石山脈の主峰標高三一二一メートルの赤石岳に登頂して世間を驚かせた喜八郎だが、倒れてからは公の場に姿を見せることが少なく、小田原の別荘で過ごすことが多くなったが、それでも翌二七年十月に朝鮮に行く。喜八郎が一九〇七年（明治四十年）に設立したソウルの善隣商業学校創立二〇周年記念と喜八郎の米寿を記念して建立された銅像の除幕式に立ち会うためであったが、帰途、元山を経て朝鮮半島最大の景勝地の金剛山を観光し、さらに釜山開港五〇周年記念行事に出席するなど健在ぶりを示した。

明けて二八年一月、喜八郎は勲一等旭日大綬章を授与された。実業家として初の栄誉である。

二月、主治医から大腸がんと告げられると、喜八郎は感涙会の肝煎（世話役）の伊坂梅雪、

左上が赤坂葵町の大倉本邸、右下が大倉美術館、後の大倉集古館。敷地は川越藩主松平家の上屋敷跡9661坪を1878年に購入。画は山本松谷による1902年頃のものとされている

永井鳳仙、水田南陽、平山晋吉を招いて、本年も四月八日に感涙会を開催したいと申し出た。残された時間が見えてきたのであろう。喜八郎の胸中は推し量るしかないが、長年の知己との最後の別れの場として一九〇八年から続いている感涙会を選んだものと思われる。

破格の従三位勲一等

感涙会から七日後の十五日、喜八郎の容態が急変。十八日に重態に陥り、内外の新聞が報道。高松宮、東伏見宮、久邇宮各殿下から御見舞い品を下賜され、張作霖の代理として次男張学銘、馮玉祥の代理馬伯援が見舞いに訪れた。

一方、大倉五社を中心に帝国ホテル、大日本麦酒、日本自動車ら関連会社らが協力して庶務、受付、通信、記録、会計、

設備調度、警備、自動車、食事係らのスタッフを本邸に派遣、急変に備えてのものである。

二十一日の夜、天皇陛下から長年にわたる産業の開発、社会公共事業への尽力、欧米交易への貢献、殊に対支（対中国）事業に尽くした功績により、破格の従三位勲一等の下命があった。

葬儀場は赤坂葵町の本邸とし、新築なった大倉集古館の車寄せを式壇とし、九間角の祭壇が設けられた。告別式の参列者は集古館の表門から入り、六〇間（約一〇〇メートル）の長廊を通って本邸表門に設置された受付で記帳する。これらの作業にあたったのは大倉土木会社の社員、大工、土工たちで、葬儀の前日まで、わずか四昼夜、九六時間しかなく、この間に八〇坪余の葬場と往復一二〇間の長廊その他付随する諸設備の建設作業が不眠不休で続けられた。また日本正義団、とび職滝口組、福島組らからも数十名の警備員の申し出があり、赤坂表町署の巡査と共に内外各門の警備にあたるなど、混雑と騒然とした中で着々と準備が進められた。

四月二十二日、午後二時十分、喜八郎、逝去、享年九二歳。

葬儀、告別式、弔問者は一万二〇〇〇人

葬儀、告別式は二十八日に赤坂葵町の本邸で行なわれた。喪主は嫡子の喜七郎、葬儀委員長は大倉土木会長の門野重九郎。

葬儀、告別式は午前と午後とに分かれて行なわれ、午前の部は喪主喜七郎と妻久美子、徳子未亡人ら親戚が右側、寛永寺大僧正大多喜守師、寛永寺僧正長澤徳玄が左側、その列の後に生前親しくしていた渋沢栄一（代理、栄一の孫渋沢敬三）、石黒忠悳（代理、忠悳の長男忠篤）、清浦奎吾、馬越恭平、浅野総一郎、宮内次官関屋貞三郎、主治医南大曹と大倉五社の重役、社員等九〇〇人が続いた。

午後一時に始まった一般の部の参列者は田中義一首相、枢密院議長倉富勇三郎、鉄道大臣小川平吉、商工大臣中橋徳五郎ら主要閣僚、平塚廣義東京府知事、市来乙彦東京市長、徳川家達、近衛文麿、小村欣一、宇垣一成、内田康哉、後藤新平、牧野伸顕、高橋是清、幣原喜重郎、平沼騏一郎、三井八郎右衛門、住友吉左衛門、岩崎小弥太、岩崎久弥、久原房之助、藤山雷太、根津嘉一郎、安田善三郎、益田孝、久米邦武、幸田露伴、伊東忠太、徳富蘇峰、下田歌子ら二〇〇人。また告別式は国内外の支店、出張所に於いても時刻を合わせて行なわれ、喜八郎が海外事業として最も力を入れた満洲の本渓湖（現中国遼寧省本渓市）では中国人含めて二千数百人が弔問に訪れた。弔問者の数は全体で一万二〇〇〇人に及んだ。

午後四時、喜八郎の遺体を乗せた霊柩車は護国寺（文京区音羽）に向かった。墓所は大隈重信、三条実美の墓を右に通り抜け、山県有朋と隣接してある。

戒名、遺言書

戒名は「大成院殿禮本超邁鶴彦大居士」。喜八郎の容態が急変してから、喜七郎が、ひそかに思索していたとされている。

「大成」は集大成の大成。もとより喜八郎の生涯のことで、出典は『孟子萬章下篇』。

「禮本」は忠義と信義は禮の本で、出典は『禮記』。

「超邁」は喜八郎の文学、文化への造詣の深さを称えたもので、出典は『梁書武帝記』。

遺書は死去の翌日、喜八郎が愛用した文箱から見つかり、喜七郎ら近親者及び門野ら立ち合いのもと開封された。

一、茲に大正十五年九月十五日遺言書を認めておくものなり。余は北越の一布衣にして弱冠に志を立て、十八歳の時郷里を出て江戸に来り、その後千辛萬苦努力を重ねたる結果、帝都の中央に名を知らるるに至れり、我子孫たるもの、余が赤手郷関を出てより、世の競争場裡に立って萬難を排し、産業の基礎を定めたる苦労を察して、財産を譲受けたるものはこれをその子孫に伝え保存するの義務あるものなり。

一、我国は皇室中心にあらざれば乱れるの恐れあり。故に一首よめり。
替る世の変りてならぬ君主政法権鞏固大和魂
我子孫たるもの帝室を敬い忠勤をぬきんずべし。
右取定め候に付き自筆加印如件
大倉喜八郎印

遺書とは別に喜八郎は最後の言葉を石黒忠悳に託していた。喜八郎が死ぬ一七日前の四月

護国寺（東京・文京区）にある喜八郎の墓。右が妻・徳子の墓

五日、石黒は招かれて喜八郎を訪ねた。床に伏していた喜八郎は羽織に着がえて石黒を迎えて語った。鉛筆で聞き書きしたものを、石黒は喜八郎死去の二ヵ月半後の七月七日に、嫡子の喜七郎、門野重九郎、大倉粂馬を自宅に招いてその内容を伝えた。

「九二歳の高齢でこの重病には耐えられぬと思う、真の医学医術ならば治せるであろうがそれに達するには前途遼遠で、今の大家の手では無理だろう。回顧すれば若年で姉から二〇両、自分の貯金一〇両ばかりを持って江戸に出て、奉公、行商、幾度も命を賭けた危険なこともし、現在では帝都では三井、三菱、安田に続く富者になった。後継者の喜七郎は近年めっきり良くなり、粂馬と門野がいて協力すれば、大倉家の心配はなく、大倉組もますます隆盛に赴くことと安心している。自分が死んだら三人を集めて、このことを伝えて欲しい。三人相談の上でのことなら大失敗があっても少しも遺憾なことはない。もし万一、三人の間に紛擾が起こったら、そのときは仲に入って解決してほしい」

オレ流を通した人生

四月二十三日付けの朝日新聞に「金も事業も思いの通りに、機智と度胸の一生」という見出しで喜八郎の追悼記事が掲載された。

「幼少から小太閤といわれるほどの機智と糞度胸、ずいぶん大胆な仕事やれば好き勝手な振舞もやり、金とあの身体で普通の人の二倍も人生を味わった、晩年は大倉組のほか五十幾つもの会社からサッパリと足を洗って例の一中節や狂歌で世間を茶化していたかと思うと蒙古に出かけたり山に登ったり一向世間並の隠居らしいところを見せなかった、対支事業に貢献したことは特筆すべきことだが、とうとうのちに『対支投資は底なき甕に水をそそぐのと同様だ』といっていたがふたつながらに遺したのだから思い残すことはあるまい」

石黒忠悳

追悼記事と併せて喜八郎と特に親交の厚かった渋沢と益田の談話が載った。

「私とは趣味も性格も全然反しているが、それで気が合い一度も喧嘩したことがない、友達の誼か

益田孝

ら無遠慮に感じを述べると、いかにも押しが強く機を見るに実に敏だ、何事をなすにも打算が徹底し、ソロバンが合うと見たら遮二無二押し切って奮闘するところは見上げたものだが、学問はずいぶんあらゆるものを漁って片っ端から読書していたので仏書でも漢書でも一応何でもかじっているが、しかしどれといってまとまったものはない、商人の大倉さんは大官に対して萎縮することなくその押しの強さといったら話以上で盲蛇におじずといった流儀であったらしい」（渋沢）

「あの人の健康法はあの人の諦めだと思う、いけんことはいけんときっぱり断って、よく考えて見ようなんてこせこせこだわっていない、駄目と思えばそれっきりで一中節など謡っていた、働く時は働いてころっと気持ちが転じることを知っていた、悲しいことが嫌いな人で人が死んだ時など『死んだものは仕方ない、お前代わりに行ってくれ』などといって悲しみの席などには出なかった、ずいぶん手前勝手な仕事をしていたから世の批判を受けたが、ああした思い切った仕事をする人も世を進歩させるには必要だ」（益田）

死の商人

国際政治学者の岡倉古志郎（一九一三〜二〇〇一）は著書『死の商人』（岩波新書、一九

六二年）で「モルガン青年がインチキなカービン銃を種にボロ儲けした数年後、日本でも鉄砲商で大儲けをした男がいた。その名を大倉喜八郎といい、のちの大倉財閥の始祖である」と書いた。

モルガン青年はアメリカの四大財閥の創始者J・P・モルガンその人で大儲けしたのは南北戦争で、その数年後といえば日本の戊辰戦争に当たるが、鉄砲商を開業したばかりの喜八郎はそんなに大儲けしたわけではない。岡倉は後の章で戦争を種に儲けたという点では三井も三菱も負けていなかったと補足したが、「当時は、勤皇、佐幕両派の対立で世間は物情騒然だった。この時勢を炯眼にも見てとった喜八郎は『鉄砲商売』こそ致福の捷径であると考えた。そこで、神田に大倉鉄砲店である。明治維新の動乱の時機に鉄砲店をひらいたことが『死の商人』としての喜八郎の成功のきっかけになったのである」と書いた。

岡倉は明治期の日本美術界を牽引した岡倉天心の孫で、自身日本学術会議副議長を務めたほどの知識人にしては、いささか配慮に欠けたといわざるを得ない。

喜八郎に「死の商人」の烙印を押したのは岡倉だけではない。日清戦争（一八九四〜九五）の最中に「石の缶詰事件」というのが起きた。戦地に送る缶詰に石と砂が混じっていたのが、なぜか喜八郎の仕業と喧伝された。後日、そうでないことが判明したが、追い打ちをかけたのが木下尚江（一八六九〜一九三七）。小説『火の柱』は木下の代表作の一つだが、登場する奸商大洞利八は、まぎれもなく喜八郎がモデル。小説家で反戦活動家でもあった木下には喜八郎は格好のターゲットであったのだろうが、かくして「死の商人大倉喜八郎」の名は揺るがぬものになった。

渋沢がこう言っている。「明治維新後、政治家学者軍人に傑出した人物が輩出したが、それに比肩しうる実業家が稀《まれ》なのは官尊民卑の思想から、実力において、他に譲らず、むしろそれ以上の功績を有しているにも拘《かか》わらず、世間の評価は、それに劣るのはやむを得ない状況にあった。わが大倉鶴彦翁（鶴彦は喜八郎の号）はその功績においては勿論、その認められた点において、まさに他と比肩し得るものがあった」

うがった見方をすれば、すでに実業の世界で揺るがぬ存在となっている岩崎弥太郎や渋沢栄一にはうかつなことは書くことも言えもしないが、新発田藩という小藩の商人の出で岩崎や渋沢ほどのバックグラウンドを持たない喜八郎は叩きやすかったともいえる。

おしなべて実業家が軽視されていることへの義憤から、渋沢は一八七七年（明治十年）に実業家を社会的に認めさせる策の一環として東京商法会議所の開設を喜八郎、益田、福地源一郎などと政府に出願、七八年に認可を得た。現在の東京商工会議所の前身である。東京商法会議所の設立にはこうした時代背景があった。

『火の柱』が世に出たのは日清戦争から一〇年を経た日露戦争の後だが、近年に至るまで喜八郎のイメージが完全に払拭されたとはいい難い。しかし喜八郎は叩きがいのある人物なのは、裏を返せば、それなりの大物であったということでもある。ちなみに『火の柱』は一九一〇年に発禁になった。理由は分からない。

蒋介石から張作霖まで、清国（中国）の要人から寄せられた九一本の弔旗

話は戻るが、葬儀の当日、参列者の目を奪ったのは中国風の多数の弔旗で、その数は九一本に及んだ。日本では後にも先にも例のないことで、底のない甕に水を注ぎ続けたことが報われたといえなくもないが、送り主の顔ぶれに、さらに驚く。

張作霖、段祺端、馮玉祥、梁士詒、徐世昌、孫宝琦、張学良、楊宇霆、陳宝琛、蒋介石、粛親王等々。他にも銀行家で革命派の王一亭、画家・学者で清朝宗室の出身の愛新覚羅溥儒らの名もあり、清国における喜八郎の交流の広さと深さを物語っている。

それにしても蒋介石、粛親王を別にして、当時、北京を中心に華北の覇権を争った直隷派、安徽派、奉天派の三大軍閥の領袖、重鎮の揃い踏み、親日派あり親英米派ありで、彼らが一連の清国の内戦、即ち一九二〇年（大正九年）の安徽派と直隷派との安直戦争、一九二二年から二四年にかけての奉天派と直隷派との奉直戦争の当事者であることが不思議でもあり、驚きである。

その頃の清国の上流社会は交友も形式と礼儀を重んじるがために、利害、立場が異なる人物との交友は難しいとされていた。敵の味方は敵であるにも関わらず、喜八郎が敵味方の枠を超え、広範な人物と同時に関係が持てたのは接し方にあった。体裁を重んじる中国人に対して単刀直入に接近し心胆に触れることに、彼らは驚き、結果として親近感を抱かせることに成功したものと思われる。

一八四〇年（天保十一年）のアヘン戦争後の一〇〇年は、中国にとって「屈辱の一〇〇

年」とされるほど受難の時代であった。清王朝の衰退に付け込んだ欧米列強によって国土は切り裂かれ、植民地になりかねない危機に直面していた。列強は借款という形で鉄道敷設、資源開発などの利権を漁り、遅ればせながら日本も加わった。二度の内戦も一皮むけば列強の代理戦争で、日本は安徽派、奉天派を支援、直隷派の背後には英米があった。

一九一一年（明治四十四年）の辛亥革命で清朝が滅び、翌年、孫文を臨時大総統とする中華民国が誕生し、二〇〇〇年続いた専制王朝支配の幕が下り、中国は新たな時代を迎えたはずであったが、清朝の実力者で強力な軍隊・北洋軍を持つ袁世凱によって専制時代に逆戻り、それを阻止せんとする孫文ら革命派が立ち上がったが、袁世凱の圧倒的な武力に屈した。しかし一九一五年（大正四年）に日本が突きつけた二一ケ条の要求を大筋でのんだことで民衆の怒りが爆発、与党からも指弾されるに至った袁世凱は、一九一六年六月、激憤の中で病死した。

袁世凱の死後、北洋軍は親日の段祺端率いる安徽派と英米を後ろ盾とする曹錕、呉佩孚らの直隷派に分裂。さらに両派に加えて張作霖率いる奉天派が華北の覇権をめぐって対立、内戦時代に突入し、一九二八年（昭和三年）の蒋介石による北伐完了まで混乱の時代が続いた。

日中親善を具現するのは経済交流

喜八郎は様々な局面で中国について語っている。二一ケ条に中国民衆の抗議活動が激化した際は「最近の中国の政変、動乱、革命を見て不安な国、危険な国とみなす傾向があるが、一国文明の進歩発展には順序、段階、紆余曲折があり、第一革命（著者註、辛亥革命）は時代精神の能動的反映で新文明の威力が旧体制旧文化を破壊し、第二革命（著者註、孫文ら革命派との武力抗争）は古い文明を打破する第二文明が基礎薄弱であったため失敗した。現代は口の時代ではなく、実行の時代であり、日中親善を具体化するのは経済的提携と通商なのであり、自分は今後ともますます巨万の資本を中国に投資する」と語った。

第一次奉直戦争が勃発した直後には、雑誌『実業之日本』に次のような喜八郎の談話が掲載された。

「日支（日中）親善は東洋平和の基調でありまして、この際に対支政策の面目を一新するのは今日の急務ではあるまいか。従来日本の対支政策は歴代内閣を通じて、悉く支那人（中国人）の誤解を招いている。併し支那が天然資源に富み、世界未発の宝庫たる以上、我国は国民生存の道として経済的に日支提携の実を挙げ、我に足らざる物資はこれを支那より取り、日本の技術を以てこれを加工し、さらにこれを世界に輸出するのは経済立国の第一義にして、これが解決如何はやがて国民生活問題の解決とも為るべきであろう」

底のない甕《かめ》

一九二四年（大正十三年）、喜八郎は家督を嫡子の喜七郎に譲り、関連する会社のすべての役職から身を退いた。その節目にあたって雑誌『実業之日本』が一九一九年（大正八年）に喜八郎が北京を訪れた際、中国要人たちによる歓迎会での喜八郎の挨拶を掲載した。

「数十年来、対中投資をしているが幾ら注ぎこんでも底なし甕に水を入れるように際限がない気がする、事業は立派なもので人を得れば成功する、中国に人材が乏しいから自分らも努力してよい人材を作らなければならない、自分は日中両国がいかなる障害があっても国策上分離できず経済的には必ず結合すべき運命にある、国内では一割以上の利回りは困難ではないが、自分の中国投資はわずか二、三分であり元金回収も危ぶまれている、この絶大な危険を冒して投資するのは中国人が日中の経済不可分を自覚するまでの犠牲と覚悟している」

梅蘭芳との邂逅

一九一七年（大正八年）十一月四日、喜八郎は満洲の本渓湖（中国遼寧省本渓）を経て北京に行っている。自身七回目の中国で、本渓湖では煤鉄公司第二高炉の火入れ式に立ち会い、北京では鳳凰山鉄鉱問題について国務総理段祺端と話し合う予定であったが、火入れ式は工事の都合で十二月に延期になり、北京に到着したら、段が総理を辞任していたため、問題の話し合いはできなかった。原因は西原借款の兵器借款などにあったとされる。西原借款は正規の外交ルートを通さず、寺内正毅首相のブレーンの一人、西原亀三（一八七三〜一九五四）が一私人として進めたもので、別名援段政策ともいわれ中国の内戦の一方に肩入れするものとして問題視されていた。喜八郎は段の自宅で面談、鳳凰山鉄鉱問題を話し合うと同時に「この国難の時に辞めるのは当を得ない」と段を激励。その後、黎元洪に拝謁し、一等大綬比嘉禾章を授与されたが、成果についてはつまびらかになっていない。

来日した梅蘭芳夫婦と喜八郎。左は喜七郎の妻・久美子

しかしこの度の訪中には、喜八郎にとって望外ともいえる果報が待ち受けていた。梅蘭芳との出会いである。喜八郎は中国五大銀行、中国、交通、塩業、金城、新華が合同で開いた歓迎会に駐中公使林権助と共に招かれた。場所は清朝末期の有力政治家那桐の私邸。日本では大名屋敷に能舞台があるように、中国の貴族、富豪の邸宅には舞台が設けられていて、慶事には役者を招いて演劇を鑑賞する習わしがあった。

喜八郎と梅蘭芳との出会いである。梅蘭芳が京劇の名女形として一世を風靡したのは周知のとおりだが、この時、梅蘭芳は新作の『天女散花』を演じた。梅蘭芳の美しい舞姿に魅了された喜八郎は「天人の雲の台に舞の袖、かえすがえすもおもしろきかな」と詠み、六〇歳の頃から習い覚えた本阿弥光悦流で書いた色紙を梅蘭芳に贈った。

梅蘭芳と出会ったことで、喜八郎の中国への関心は経済に留まらず文化に及んだ。それは同時に日中文化交流史に於けるエポックメーキングな出来事でもあることから、後の章で詳しく触れる。なお喜八郎がこの時、梅蘭芳に贈った色紙は、現在、北京の梅蘭芳記念館に所蔵されているとされている。

八三歳、最後の訪中

一九一九年（大正八年）十月十四日、日本を発ち満洲の本渓湖、奉天、中国本土の北京、南京、上海を巡って十二月十一日に帰国。喜八郎、八三歳、最後の訪中となった。

満洲では本渓湖煤鉄公司に立ち寄った後、張作霖と蒙古の杜爾伯特《とはると》旗での農牧事業について話し合い、その規模は三万町歩と伝わっている。

北京では大総統徐世昌と会見。「追々自分も老人になり、大総統の如き激務には到底長く堪えられないと思います」と弱音を吐く徐に「閣下は本年お幾つになられましたか」と訊ね、「本年六五歳」との答えに対して「自分は八三歳で、閣下より一八歳の老齢でありますが、いささか君国の鴻恩に酬ゆるの微衷あればこそ、海山万里遥々、貴邦に罷り出た次第であります。今や閣下の御身はこの世界大戦後の東洋の平和を確保する上に於いて非常の大責任を有しておられ、老生などよりは一八歳も若い齢でいられますから、決して再び老齢を口にせず、加餐自愛、支那の為め、東亜の為めに一層の御努力をお願い致す次第であります」とはっぱをかけた。

ちなみに、この時、徐は六一歳、実際の年の差は二二であった。

この後、喜八郎は南京を経て上海へ。上海では上海銀行頭取葉養王らによる送別宴に招かれ、この日生まれた葉の女児の命名を乞われて慶子と名付けた。「排日運動が盛んな中国で滞在中に至るところで大歓迎を受けた」と朝日、読売新聞が報じた。

喜八郎は広い視野を持つ国際人であったばかりではなく実行の人であった。中国の市場価値を認めながらも政情が不安定なことから交易はしても、投資はためらった他の実業家と違って、喜八郎は損得の計算が無かったかのように巨額の投資を続けたが、その結果はどうであったか。日に日に悪化する日中関係を喜八郎は、どんな思いで見ていただろうか。第二次世界大戦の敗北で、すべてが無に帰した時、喜八郎はこの世の人ではなかった。

参考までに一九一四～一五年時の主要財閥の対中国貿易、投資状況は以下の通り。

・貿易額（単位万円）

大倉　八五五
三井　一七・〇三二
三菱　七八〇
古河　一・二八〇

・直接投資額

大倉　五〇〇
三井　四九二
三菱　一四七

安田　六〇

顧みれば喜八郎が生まれた一八三七年（天保八年）は幕藩体制の終焉を象徴する大塩平八郎の乱が発生。人生の幕を閉じた一九二八年（昭和三年）は関東軍によって張作霖が爆殺され、死後三年後の一九三一年（昭和六年）には満洲事変が勃発、中国への戦略なき泥沼の侵攻が始まり、日本は破滅へとひた走った。喜八郎の九二年の生涯は新国家の誕生から破綻へのプロセスと共にあったといえる。

明治維新以降の近代化の過程は、政治や外交の表舞台の出来事は一般書でも知ることができるが、政治、外交、経済の見えざる部分が周知されているとは言い難い。喜八郎の生涯を描くことは、善くも悪しくも日本という国家の「見えざる闇」を描くことでもある。

進一層

喜八郎は「進一層」を生涯の指針とした。喜八郎は一九二三年（大正十二年）夏に行なわれた新潟県人会に招かれてこう語っている。

「『退一歩』という言葉がある。いうまでもなく、これは処世上の戒めであり、乃至または事をなすにあたっての心の準備を指したもので、要するに常に己れを反省し、事の進行にあたって一歩退いてその事を批判するという意味なのであろう。しかし老生にいわせれば、それは畢竟、事の一面を道破した金言にすぎない。（中略）一体に徳川時代の金言などは、所謂道学先生流の『事なかれ主義』的な消極的な戒めが多く、到底今日のように万事が世界的になり、個人間、団体間の競争や、国際間の競争の激しい時代にはあてはまらないものがある。『退一歩』などもまた、たしかにその一つである。

実際今日は五歩にして一〇歩を志してもなかなか一〇歩にたどりつけない世の中で、随分苦心もし努力もし、乃至または所謂『進一層』で更に歩を進めて勇往邁進してさえも、容易に一〇歩の地には達し難いのだ。況《いわん》や『退一歩』などと老人じみた引込思案なことを言っていては、何事をも為し得ないではないか。ここに於いて私は『進一層』という事を主張する。即ち事の順調に運ぶ時、先ず一歩を退いて事を振返るなどということなしに、順調に行けば行く程、更にその機運に乗じて進む、飽くまで進む、殊に障礙《しょうがい》があらわれた時には、飽くまで勇往邁進してこの障礙を除き、難局を突破しなければやまない。（略）まったく人間は、難局に遭遇したり、事に行き詰まったりすると、すぐに弱気になって退嬰的なことを考え出して、所謂『為すべきか、為さざるべきかと思う事は、大抵はせぬがよし』流に、妙に分別臭い里心を出し勝ちなものだが、そういうふうに退嬰消極に傾いた時は、もうその人は障礙に負けたのである。だから私は言う、現代は須《すべか》らく『進一層』で行かねばいけない」

困難に当たって怯《ひる》むな立ち止まるな。出遅れた等外国家が一等国家を目指した時代に喜八郎は、どこまでも我が道を貫いた。喜八郎の中国との関係がすべて順調であったわけではなかった。それでも喜八郎は方針を変えなかった。あくまでも「進一層」であった。「進一層」の精神は、今日のベンチャー精神と通じるものがある。

喜八郎を書くことは、日本の近代化の歩みを書くことでもある。人間・喜八郎を飾ることなく描ければと思っている。

第一章　維新前後

江戸と明治の接点

評論家の山本七平（一九二一～一九九一）は著書『渋沢栄一　近代の創造』（二〇〇九年、祥伝社）の書き出しで源了圓の次の言葉をひいている。

「私は日本の近代化を理解するさいに、徳川時代と明治時代とを総合的に把握することが大切であると考えている。一般には二つの時代の非連続の関係だけが注目され、明治の初めに西欧の思想や文化、制度が受容されることによって日本の近代化が始まったと考えられているが、徳川時代に蓄積された潜在的近代性がなかったならば、明治以降の急速な近代化は不可能であったろう。二つの時代の非連続性に対してだけでなく、この間の連続性に注目し、両者の間の連続・非連続の関係を総合的に把握する必要がある」

つまり「徳川時代（以下江戸時代とする）に準備された潜在的近代性」が明治になってからの日本の近代化をもたらしたというのである。ちなみに源了圓（一九二〇～二〇二〇）は

渋沢栄一。日本の経済近代化の最大の功労者

歴史学者で日本思想史の大樹とされている人物。

山本は続く行でこうも書いている。

「日本における近代化の創造は、江戸時代と明治時代を総合的に把握してはじめて理解できる。では、どのような方法を用いれば『総合的把握』が可能なのであろうか。さまざまな方法が考えられるが、私はここで前記『連続・非連続』を一身に具現していると思われる人物を選び、その人の思想と行動を通して把握しようと試みた。そしてその人が渋沢栄一である」

山本は著書『渋沢栄一　近代の創造』で渋沢栄一を描くことで日本の近代化の過程を明かすことを試みたのである。ちなみに同書は渋沢が生まれた一八四〇年から大久保利通と衝突して井上馨と共に大蔵省を辞する一八七三年までのことが書かれてある。

天保世代が江戸と明治を繋いだ

次にあげるのは明治維新（以下維新）を推進した主要人物の維新前の職と生年、一八六八年、維新時の年齢である。

勝海舟　幕臣　文政六年　四五歳。

岩倉具視　公家　文政八年　四三歳。

西郷隆盛　薩摩藩士　文政十年　四〇歳。
副島種臣　佐賀藩士　文政十一年　四〇歳。
大久保利通　薩摩藩士　天保一年　三八歳。
江藤新平　佐賀藩士　天保五年　三四歳。
前島密　高田藩士　天保六年　三三歳。
松方正義　薩摩藩士　天保六年　三三歳。
井上馨　長州藩士　天保七年　三二歳。
三条実美　公家　天保八年　三一歳。
板垣退助　土佐藩士　天保八年　三一歳。
徳川慶喜　将軍　天保八年　三一歳。
大隈重信　佐賀藩士　天保九年　三〇歳。
山県有朋　長州藩士　天保九年　三〇歳。
後藤象二郎　土佐藩士　天保九年　三〇歳。
黒田清隆　薩摩藩士　天保十一年　二八歳。

若い、若いといわれる小泉進次郎も三〇代後半、この中に入ればおじさんである。「人生五〇年」の時代と単純に比較できないが、彼らはこの年齢で国を背負ったのである。そして一六人のうち一四人が天保年間の生まれ。維新を断行し近代化を推し進めたのは天保人といえる。これをたまたまというには当たらない。源了圓がいう「徳川時代に蓄積された潜在的近代性」とは、まさしく彼ら世代のことで、時を得て開花、結実したといえる。

国家は政治だけではなく、経済が伴って成り立つ。財政基盤の弱い維新政府は民業の育成に力を入れた。いうところの政財官界の癒着であるが、今日の比ではなく、癒着の度合いは一〇〇パーセントに近い。政府がお膳立てして軌道に乗りそうな事業を民間に譲渡しただけでなく、軌道に乗った後も何かと便宜をはかった。

かくして政商の誕生である。政商とは「政府や政治家と特殊な関係を持って、利権を得ている商人」(『広辞苑』)で、いつの時代も好まれぬ存在ではあるが、この時代の商人は程度の差はあれ、皆が政商で、そうでなければ日本では生き残れなかったかも知れない。

次はこの時代に活躍した実業家の出身地、生家の職、生年、維新時の年齢である。

三野村利左衛門　信濃　商家　文政四年　四七歳。
古河市兵衛　京都　商家　天保二年　三六歳。
高島嘉右衛門　江戸　請負業　天保二年　三六歳。
岩崎弥太郎　土佐　郷士　天保五年　三四歳。
五代友厚　薩摩　藩士　天保六年　三三歳。
大倉喜八郎　越後　商家　天保八年　三一歳。
安田善次郎　越中　下級武士　天保九年　三〇歳。
渋沢栄一　武蔵　農家　天保十一年　二八歳。
藤田伝三郎　長州　商家　天保十二年　二七歳。

益田孝　佐渡　幕臣　嘉永一年　二〇歳。
浅野総一郎　越中　商家　嘉永一年　二〇歳。
三井八郎次郎　京都　商家　嘉永二年　一九歳。
中上川彦次郎　中津　藩士　安政一年　一四歳。
根津嘉一郎　甲斐　商家　万延一年　八歳。
住友友純　京都　公家　元治一年　三歳。

三野村を除けば、皆、若い。一五人中八人が天保生まれで、四人は維新時に成年に達していない。「四〇、五〇は洟垂《はな》れ小僧、六〇、七〇は働き盛り、九〇になって迎えが来たら一〇〇まで待てと追い返せ」と言ったのは渋沢だが、その洟垂れ小僧以下の世代が、この時代の日本の経済を担ったのである。

古河市兵衛は古河財閥、岩崎弥太郎は三菱財閥、五代は新政府参与として主に外交面で活躍。野に降ってからは大久保利通との深い結びつきから政商として活躍、関西の経済界を牽引した。大倉喜八郎は大倉財閥、安田善次郎は安田財閥、浅野総一郎は浅野財閥の創始者。高島嘉右衛門の本業は請負業だが、高島易断の開祖としても知られる。渋沢栄一は第一国立銀行設立に尽力し、財政、金融、貨幣制度の近代化に尽力し日本資本主義の父とされている。藤田伝三郎は商家の生まれながら高杉晋作を慕い、一時は国事に奔走していたが、維新後、実業に専念し西南戦争の際、兵站部用達を務め、その後鉱山業などで財を成し、久原房之助、鮎川義介らを経て、今日の日産・日立グループに繋がる。

三野村は三井家の大番頭、益田孝は三井物産の設立に関わり、中上川は三井の工業化に尽力、三井八郎次郎は三井南家の八代当主としてグループを牽引した。渋沢には第一国立銀行初代頭取の肩書がつくことが多いが、正確には雇用契約に基づいて業務を執行する総監で、日本で最初のサラリーマン社長とするのが正しい。実際の頭取は三井八郎右衛門と小野善助であったが実際に「頭取」の働きをしたのは渋沢で、それには三野村のバックアップがあったとされている。

根津が関わった鉄道会社は二四社に及び鉄道王といわれ、晩年は東武鉄道の経営に専念、今日の東武鉄道の礎を築いた。ことに朝鮮における鉄道建設と経営には南朝鮮鉄道の社長として絶大な権力を有していた。住友友純は住友家一五代当主。公家（西園寺公望の実弟）に生まれ、男系が絶えた住友家に婿入りしたが、家業には興味がなく、すべて総理事に任せた。別子銅山の開発が進み、住友銀行を設立して金融界に進出。住友が三井、三菱に並ぶ財閥になったのは友純の時代であった。以来「君臨すれども統治せず」が住友の伝統となった。

現在、企業は経済の多様化に伴っての吸収、合併で社名の変更が相次ぎルーツを辿るのが難しくなったが、大企業の多くは、かつての財閥と繋がっている。

江戸時代の遺産

天保年間（一八三〇～一八四三）、全国的に飢饉が発生し、一八三七年には大塩平八郎の乱が発生するなど危機感が高まる中、老中水野忠邦は、四一年に幕政の建て直しをはかり、いわゆる天保の改革を断行したが失敗に終わった。米価、物価が高騰し、百姓一揆、下層民による打ち壊しが頻発、幕藩体制のほころびは繕いようがなくなった。

武士の役割はいざという時に主君を守ることであったが、戦争のなくなった江戸時代の二六〇年余を通して次第に変質、かつての戦う集団ではなく、一般的な教養はもとより、財政、殖産、農業、土木などの知識を蓄え経験を積んだ官僚としての存在が大きくなった。このことは武士以外の階層にもいえた。士農工商の身分制度が崩壊する過程で、豊かになった農民、商人から、武士に劣らぬ教養を身につけ、時代の変化に対応できる先見性を持った人物が輩出。近代経済史が専門の経済学者村上勝彦は「天保生まれは、幕末維新の大変動期を、自分の将来を自分で決められる時代を迎えたのである」と指摘。彼らも「時代の子」であり「天の利」を得、同時代の武士と共に車の両輪となって時代を動かしたのである。

山本七平はその象徴として渋沢栄一を取り上げたが、他にも多士済々の人物が輩出。岩崎弥太郎は郷士の身でありながら土佐藩の海運を扱う土佐商会、大阪商会の運営に関わることで海外の事情にも通じ、近代ビジネスの何たるかを習得していた。四代にわたる佐渡金山の地役人の子に産まれた益田孝（幼名徳之進）は父鷹之助が数理に精通していたことから函館奉行支配定役に取り立てられ、翌年には江戸外国奉行支配定役勤務に昇進。子の徳之進は外国方通弁御用として麻布・善福寺にあるアメリカ公使館に詰めた。一八六三年（文久三年）に幕府がフランスに派遣した使節団に語学力を買われて、わずか一五歳で父の家来として同伴を許された。明治になって益田は徳之進から孝に改名。三井物産の設立に関わり社長に就任したのは二九歳の若さであった。

渋沢は喜八郎の学問について「仏書でも漢書でも何でも一応はかじっているが、しかしどれといってまとまったものはない」と認めていないが、八歳で四書五経を素読、一二歳で内容を理解した喜八郎は神童の誉れが高かった。幕府、新発田藩は朱子学を公式学問としていたが、喜八郎は新発田藩の学者丹羽伯弘が開いた私塾積善堂で陽明学を学んだ。陽明学は「個人の決定的な局面においては伝統的な理性や考え方は行動の指針としては役に立たない。このような時点は何が自分の利益になるかを考えず、正しいと信じるところを断固として身を捧げなければならない」とする。喜八郎の底のない甕に水を注ぎ続けた行為も陽明学の教えに沿ったものと考えると理解しやすい。

重ねていうが日本の近代化は政治家だけで成し遂げられたのではなく、実業家が一体となって初めて達成できたのである。

江戸へ

喜八郎が生まれ育った新発田から江戸へ出たのは一八五四年（安政元年）、一八歳の時であった。一八三七年（天保八年）に越後国蒲原郡新発田町、現在の新潟県新発田市で父・千之助、母・千勢子の三男として生まれ、幼名は鶴吉。二〇歳代の前半に喜八郎に改名。ちゃんとした家系図はなく、祖先は京畿（京都周辺）から来たとされ、代々農家であったが、曾祖父の代に商家に転業。祖父の定七が商売上手で商業、質屋、呉服商を営み、家運は隆盛に向かい、藩主への拝謁を許され、下座御免であったというから相当な家格だ。当時は一般の町民は武士とすれ違うと履物を脱いで土下座しなければならなかった。そんな定七を尊敬していた喜八郎は幼名の鶴吉を定七が通称として使っていたとされる喜八に改め、後に郎をつけて喜八郎に改めたとされている。

一八五三年（嘉永六年）、喜八郎一七歳の時、父が、翌年母があいついで亡くなり、しばらくは兄の下で家業を手伝っていたが、武士がのさばる差別社会から逃れたいという強い思いから五四年、自身が貯めた一〇両と姉・貞子がくれた二〇両（現在の価値で二〇〇万円）を懐に江戸に出た。「碓氷峠の上に来たとき、故郷の方を振り返って見ると、鼠色の冬の雲が空一面閉ざしていたが、東南、関東の方を見るとすっきり青空で良く晴れていた。天候まで関東の方は恵が厚く、空まで懐か

1884年、２度目の欧米視察の直前、48歳の時に撮影したと思われる。左から兄・定七、姉・貞子、喜八郎（写真提供・鈴木英介）

しい色をしているが、越後の方は無情な雲形が閉ざしている。どんなことがあっても江戸で一旗挙げなければ、二度と故郷の土を踏むまい」と後年、喜八郎は語っている。

乾物屋・大倉屋

江戸に出た喜八郎は一四歳の頃から親しんでいた狂歌を通して知り合った和風亭国吉を訪ね、彼が日本橋でやっていた塩物商を手伝い、その後、麻布・飯倉の中川鰹節店に丁稚として奉公。五七年に同店を辞め独立、下谷上野町（現在の上野松坂屋辺り）で乾物屋・大倉屋を開業。弱冠二一歳であった。奉公人は置かず仕入れから販売まで一人でこなした。

「朝は暗いうちから草鞋をはいて河岸（魚市場）へ行く。灯かりをつけてドシドシ揚げる荷を茶屋（休憩所）へ集めて、口銭（仲介手数料）があればそこでも売るし、無ければ家へ持って来て売るのだから、相当に儲けもあった。そればかりではなく、夜は上野広小路の松坂屋呉服店の土蔵の脇に露店を出して売る。殊に雨降りの日などは非常に勉強（精を出して）して客を集めて大いに売った。或いは暴風の不漁の時など、真っ先に河岸へ買いに行って他の魚屋の機先を制し、有るだけの金を出して買い占めて、他の魚屋に転売して大いに儲けた」

一八五三年（嘉永六年）、ペリー来航。五四年、日米和親条約が締結され日本は長年の鎖国を解き開国、四年後の通商条約でアメリカ、イギリス、フランス、ロシア、オランダらとの自由貿易時代となり、横浜、長崎、函館が開港となった。

この頃、いつかはっきりしないが喜八郎は横浜に行く。当てがあったでもなく、欧米人が住んでいて、外国との交易が盛んな横浜には、江戸にはない何かがあると期待して行ったが、予期したほどの賑わいはなく、いささか落胆して海岸通りに出た喜八郎は、生まれて初めて異国の蒸気船を目の当たりにした。真っ黒な巨大な鉄の船に圧倒された喜八郎は新たな時代の到来を予感。戦争の時代である。戦争になると必要なのは武器だ。

ちなみに開港以前の横浜は半農半漁の民家が一〇〇戸余りある程度の寒村だったが、開港して間もなく横浜見物に行った福沢諭吉は「外国人がチラホラ来ているだけで、掘立小屋みたいな家が諸方にチョイチョイ出きて、外国人たちがそこに住まって店を出している」と記している。しかし一八六五年（慶応元年）に横浜に居住する外国人は一一三〇人に達して喜八郎の見聞に誤りはないが、鉄砲商になる決意をしたのはこの時かも知れないが、実際に準備したのは後のこととされている。喜八郎が乾物屋を廃業し鉄砲商の見習いになったのは慶応二年、鉄砲商大倉屋を開業したのが慶応三年なのである。

鉄砲店・大倉屋

その後、喜八郎は繁盛していた乾物屋を閉じて、小島屋重兵衛の仲立ちで八丁堀の小泉鉄砲店に見習いとして奉公。この時、喜八郎は小島屋に身元保証金として二〇〇両を納めると申し出たが、小島屋は受け取らなかった。見習いとして奉公することになり、毎日、歩いて小泉鉄砲店に通った。四ヵ月後に辞めて独立、一八六七年に神田・和泉橋通りに「砲具師・

大倉屋」を開業。辞めるにあたって喜八郎は小泉鉄砲店が出入りしている得意先とは一切関わらないことを小島屋を証人に一札入れた。

差入申し一札の事

一、私儀亥寅十月中旬より御店様に罷出種々御厚恩に相成以御蔭渡世向相心得難有仕合に奉存候随而今般開店致し御同業相始候に付いては是迄御店様御出入御屋敷方へは何様の御用向御候も一切相勤申間敷候其外御店様に御差支の儀は聊か致間敷依之証人加判差入申一札依而如件

慶応三年卯月二月

当人　喜八郎印

証人　長谷川町小島屋

金兵衛印

小泉屋忠兵衛殿

ちなみに小島屋重兵衛の本名は田中金兵衛といい、有名な狂歌師檜園梅明のことで、喜八郎とは狂歌仲間でもあった。

鉄砲商としてのイロハを学んだとしてもゼロからのスタートである。元手に限りのあることから値の張る鉄砲の現物は置けず、ラッパや太鼓の西洋軍楽器の類を並べてそれらしく見せかけ、鉄砲の注文があると、その都度、横浜に買い付けに走った。

一八六六年（慶応二年）六月、幕府は二度目の長州征伐を決行したが、幕府、幕府についた諸藩は一枚岩ではなく、味方と頼んだ薩摩藩は出兵を拒否。幕府軍は江戸や大坂の一揆や打ち壊しに背後を脅かされ、兵器及び士気の点でも長州に劣っていたため苦戦。七月二十日、将軍家茂が没すると朝廷から討伐中止の勅命が下った。長州征伐の失敗により幕府の権威は失墜し、薩長同盟が成立したこともあって、世は討幕へと大きく動く。

喜八郎が鉄砲商として独立した時、第二次長州征伐は終わっており、同年十月、将軍慶喜の大政奉還後、薩長ら討幕派によるクーデターによる王政復古の大号令、慶喜の辞官納地返還と時代は激動。鳥羽・伏見の戦いに始まる戊辰戦争へと突入する。戦に備えて諸藩は競うように武器、弾薬を買った。鉄砲店は大当たり、喜八郎の読みはズバリ的中したのである。後に喜八郎は「彼の蒸気船を見て感奮した当時の精神が今日の私を至らしめた」と語っている。

上野戦争

一八六七年頃、喜八郎と取引のあった藩は津の藤堂、秋田の佐竹、磐城平の安藤、柳川の立花らであった。注文を受けると買い付けに横浜まで駕籠を走らせるのだが、仕入先の外国商館は現金でないと売ってくれないから大金を所持している。横浜への道筋に処刑場の鈴ヶ森があり、昼間から強盗が出ることで知られ、用心のため金は分散して隠し持ち、短銃二丁をいつでも撃てるように手元に置いていた。まさに命がけである。その頃の仕入先はオランダ人（プロイセン人とも、ドイツ人との説も）のエドワード・スネルが主で、他にはアメリカ三番館のスミス、アメリカ一番館のウォルシュ兄弟、オランダ八番館のカイセン・ハイメル、フランス館のシーベルとも取引があった。スネルの兄、ヘンリーは非常な日本通で、羽織袴で大小をおび、会津藩主松平容保から松平を逆さにした平松の姓を貰い平松武兵衛を名乗り、妻は日本女性であった。

鳥羽伏見の戦い以降の将軍徳川慶喜の新政府に対する恭順を不満とする渋沢成一郎（喜作）、天野八郎らは六八年二月、浅草本願寺で彰義隊を結成。同年四月の江戸城無血開城、将軍慶喜を水戸預かりとした新政府の処分が承服出来ず、同月三日、上野の東叡山寛永寺を拠点に挙兵、五月十五日、大村益次郎率いる新政府軍と戦ったが一日で鎮圧された。世にいう上野戦争である。

彰義隊に拉致、危うく落命

上野戦争が起こる前日、喜八郎は何の前触れもなく鉄砲店に現れた彰義隊二〇数名に上野への同道を強要された。前夜に同業の手代が何者かによって殺害されており、危険とは思ったが従うしかなかった。着くと早々、さながら白州のお取調べである。「賊軍の新政府軍には武器を売っておきながら、彰義隊には品物が払底していると断ったのはけしからん」。返答次第ではこの場で斬られかねない雰囲気で、喜八郎は腹をくくった。「一介の商人の自分には、どちらが賊か賊でないか分かりません。新政府軍は彰義隊が賊だと言い、彰義隊は新政府軍が賊だと申されますが、自分は商売だから損はしたくない、現金でお買いになるのなら、どなたにもお売りします。ところで先般、納めた鉄砲二〇丁の代金は、いまだいただいておりませんが……」

いい度胸である。喜八郎の言う通り代金が未払いなのが確認され釈放となり、新たに鉄砲一〇〇丁を三日以内に収めるよう命じられたが、三日を待たずに彰義隊は敗れた。その際、二〇〇両が支払われたとされているが真偽は不明。

上野戦争から一〇日後、徳川家達は駿府七〇万石に封じられ、旧旗本の所領はすべて没収となった。激変する天下の情勢から取り残された東北の幕府寄りの諸藩は、仙台、庄内藩を中心に奥羽越列藩同盟を結成して抵抗を試みたが、新政府軍の圧力で脱落が相次ぎ、九月二十二日、会津藩が新政府軍の軍門に下ったことで、東北戦争は終結し、戦いの舞台は函館五稜郭へと移った。

鉄砲の代金は米

一八六八年、明治と改元、東京遷都。東北の争乱はひとまず治まったが、奥羽越列藩同盟に加盟していたが、近衛家と親戚関係にあることから新政府側に転じた津軽藩は五稜郭に立てこもる幕府軍追討に参戦するよう命じられた。

同年二月某日。津軽藩江戸詰め用人の西舘平馬（後に家老）が突然、喜八郎を訪ねて来た。

「最新式のミンヘル銃二五〇〇と弾薬が欲しいが、藩には金がない。蔵米で払うということでどうであろうか」。方々の鉄砲店を当たって断られた挙句の相談であった。蔵米は家臣の俸禄に充てる米である。喜八郎はこれを受けた。今や時代は新政府である。新政府に組みすることにためらいはなかった。喜八郎は工面できるだけの現金を所持して横浜に向かった。

アメリカ一番館のウォルシュ・ホールから小銃二五〇〇丁と火薬などを購入、ドイツの外洋船を雇って手代三人と共に青森に向かった。この季節の津軽海峡は荒れ模様で船は青森ではなく函館に着いてしまった。函館は榎本武揚軍の支配下にあり、見つかれば積み荷は没収され、場合によってはそれだけでは済まない。役人が「船内を調べたい」と言うのを、ドイツ人船長は断固拒否、交渉が一昼夜続きこの間、喜八郎らは船底に潜んで二日間を過ごし、何とか期日内に青森に到着することができた。

三月六日、喜八郎は蔵米一万俵（四万石）を積んで青森を出港。三月二十日頃横浜に着いた。喜八郎は大きな利益を上げたが、儲けよりも津軽藩が喜八郎に多大な恩義を感じたことのほうが、喜八郎には大きかった。一八七三年（明治六年）に喜八郎が大倉組商会を設立した時、旧津軽藩の藩主津軽承昭は五万円を出資、君側の木村静幽を派遣し、喜八郎は木村を副頭取として迎えた。木村は例の蔵米の積み出しの時の立会人だった。

第二章　民間人初の長期欧米視察

居貿易から出貿易

一八六九年（明治二年）、薩長土肥の四藩主が版籍奉還を上表、七一年（明治四年）に廃藩置県が実施され、旧体制の解体は着実に進む。喜八郎が天下の趨勢を看取するところ、当分の間戦争は起こるまい、戦争がないとすれば鉄砲商売も終わりで、次の時代に適応する商売として外国との貿易に着目して、横浜の弁天通りに貿易商・横浜商会を開設。また洋服の流行を見込んで日本橋本町に洋服裁縫店を開業、珍しいことから大変な話題となった。

当時の貿易は横浜、神戸などの居留地で外国商人に日本製品を売り、彼らから欧米の製品を買い、外国との直接取引を行なわない、いわゆる居貿易で、外国商人は儲かるが、日本商人は利益が薄かった。喜八郎は居貿易を出貿易に改める、すなわち商権を取り戻すには外国の事情を知らなければと考えた。外国は日本製品の何を求めているのか、外国から何を輸入すれば日本の殖産興業に繋がるのか。それが分からなければ勝負にならない。喜八郎は洋行を決意する。今日でいう市場調査である。

一八七二年（明治五年）七月四日、喜八郎はアラスカ丸で横浜を出港。供はアメリカ領事館で通訳をしていた手嶋鋏次郎一人。所持金はいざという時に備えて四万円。手嶋はこの時一八歳。著名な蘭学者、伊東玄朴（一八〇〇～七一）の親戚で、視察から帰国してからは大倉組商会の設立に参画し、後に合名会社大倉組の副頭取になる。

1872年、最初の欧米視察に発つ直前に撮影されたものと思われる30歳代の喜八郎

前年の十二月に日本を発った岩倉使節団を追う形になったが、実業家が単独で長期にわたる洋行は、この時の喜八郎が初めといわれる。

サンフランシスコに上陸、大陸横断鉄道で東海岸に行きニューヨーク、ワシントン、シカゴを歴訪。アメリカでは生糸と茶の需要状況を視察。

マンチェスター、リバプール、グラスゴーの羅紗工場を視察

次いでイギリスに向かう。ロンドン到着は十月初旬、日本を発って三ヵ月が経っていた。

ロンドンではちょうど岩倉具視視察団の一行が滞在していた。喜八郎はバッキンガム・パレス・ロードのラムレイ経営の下宿に逗留。後に共同で製靴会社を設立する西村勝三の弟、西

村勝郎と同宿。勝郎は勝三に言われて皮革、製靴の視察のためイギリスに派遣されていた。不思議な縁と言わざるを得ない。

喜八郎はマンチェスター、リバプール、グラスゴーなどイギリスの工業都市を歴訪、主として羅紗（厚地の毛織物）工場を見て回った。グラスゴーでは横浜のオリエンタルバンクからの添書きをもって同地の実業家デビット・エス・ミラーを訪問。グラスゴー倶楽部の集会に招かれ、「日本は居貿易から出貿易に転換しなければならない」と演説。そのことが翌日の当地の新聞に掲載されたが「ツージャップ」など侮蔑的表現もあり憤慨する。

木戸孝允、大久保利通の前で持論をぶつ

ロンドンには官費留学生が多数いて、華族の子息ら自費留学組を含めると一〇〇人近くが滞在していたが、一人風変りな商人がいることが使節団の知るところとなり、木戸孝允、大久保利通から喜八郎に声がかかった。「日本の商人の中で発奮して欧米の商業界を実見するのは、誠に結構なことだが、お前は一体どういう事業の目的でやって来たのか」と問われた喜八郎は、一世一代の大演説をぶった。参議の木戸、大蔵卿の大久保の今の日本を担う二人を前にして喜八郎は臆することはなかった。「大官に対して萎縮することなくその押しの強さは話以上」との渋沢の言葉通りである。

「日本の将来は、いずれ衣食住に至るまで西洋風になるでしょう。衣類の部では毛織物を日本で製造するようにしなくてはなりません。第一、兵隊が今のように筒袖、股引ではなく洋

木戸孝允

大久保利通

服にしなければなりません。そして民間の需要が増してくれれば羅紗は益々必要となります。私はマンチェスター、リバプール、グラスゴーなどの羅紗工場を視察しましたが、皆、大規模で何百万円という投資をしています。小さな工場もそれなりに盛んです。私は今すぐ着手するのは難しいので、せめて毛布を製造する機械なりとも日本に持ち帰りたいと考え調べておりますが、しかしそれにしても製造するには原料の羊毛がなくてはならず、羊の飼養から始めねばならないのに困却しているところです」

喜八郎が所持していた四万円はこの時のためであった。

黙って聞いていた二人は「われわれにも考えがあるから、二、三日したらまた来るよう」と言われ、後日、訪ねると「毛織物は国家のため、兵備のためにも必要であるが、今、民間の小さな資本でやって失敗するとその者の損だけではなく後に続く者がいなくなる。それでまず政府が羊の飼育をやり、羅紗織物工場も官設でやってみる。その結果、やれるという見通しが立ち、民間におろしても大丈夫ということになれば、最初から関わっているお前にやらせるようにするから、それまで手を出すな」とのことであった。政府は留学中の岩山敬義《たかよし》に羊の飼育を専門に研究することを命じた。岩山はアメリカ、オーストリアから多くの羊を購入して帰国。自らが現場に立って下総（千葉県北部）、北海道に牧場を作って飼育を試みたが、日本の気候に合わず、彼の試みは失敗に終わった。

政府は喜八郎との約束どおり、一八七六年（明治九年）に日本で最初の羅紗織物工場、「内務省所管羅紗製造所」（翌年、千住製絨所に改称）を開設したが、「お前にやらせる」という約束は守られなかった。

岩倉具視、伊藤博文と会食

喜八郎はイタリア巡遊で木戸孝允、中井弘と行動を共にする。中井は薩摩藩の藩士だが脱藩して後藤象二郎の援助でイギリスに留学。維新後は外交官として活躍、この時はイギリス公使館の書記であった。中井は駐日英国全権公使で明治政府に強い影響力を持つパークスが京都で暴漢に斬りつけられた時、後藤と共に身を挺して守った豪胆な人物で、木戸、伊藤とも親しい関係にあった。この後、喜八郎は中井と連れだってローマに戻り、誘われるまま使節団一行が宿泊しているコンスタンチホテルに顔を出すと、ちょうど午餐時で、岩倉から「一緒にどうか」と誘われたが、空いている席は岩倉と伊藤の間しかない、恐れ多くてそういう所には座れないので固辞したが、伊藤に「まあいいから」と勧められて座るはめになった。下座の方から商人風情がと非難の声が漏れた。食事が終わり岩倉、伊藤らが退席するのを待っていたかのように、中井がすくっと立ち上がり、怒気を含んだ声でしゃべり始めた。
「見渡す限りこの席上に居るのは、一体に歴々のお役人ばかりで、皆、大層な月給をとってそのうえ手当だの日当だのをもらい、旅費まで頂戴して威張っておられるのであるけど、私と一緒に来た町人は自分で粒々辛苦して稼いだ金で自ら通弁（通訳）をつれて商業視察のために来たのであって、もとより月給もなければ手当もない。自腹を切ってまで我が国に尽くそうという、立派な精神を抱いているのである。今日の日本の状態としては、こういう人をたくさんほしいのですが、しかるに諸君は、この人が岩倉、伊藤両公のお声がかりでその側に座ったからといって何も苦情はないはずである。しかも本人は辞退している。少しも不都合でも無礼でもない！」

岩倉具視

喜八郎はひやひやしながら聞いていたが、留飲が下がる思いがしたと語っている。

帝国大学初代総長、渡辺洪基

当時、ウィーンには渡辺洪基、佐野常民がいた。渡辺洪基（一八四八～一九〇一）は帰国後、外務省大書記官を経て学習院長、東京府知事、一八八六年、帝国大学創立とともに総長

渡辺洪基

に就任。後に触れるが西南戦争の最中、朝鮮に行くのに、船がなくて困っていた喜八郎に船の手はずを手助けしてくれたのが、外務省の役人で長崎に出張していた渡辺で、それが縁で交際が始まり、一八九八年（明治三十一年）に喜八郎が大倉商業学校（東京経済大学の前身）を設立する際、渡辺は初代督長（校長に相当）に就任する。帝国大学の総長を務めた者が私立商業学校の校長になるのは異例のことであった。

渡辺は一八八七年（明治二十年）に辰野金吾（一八五四〜一九一九、明治期建築界の開拓者・主導者で日本銀行本店、東京駅などを設計）と渋沢栄一らの賛同を得て、工手学校（工学院大学の前身）を設立する。日本で最初の勤労者のための技術養成を目的とした夜学で、尋常小学校を卒業しておれば受験出来、教育を受ける機会に恵まれなかった人たちの再チャレンジの場となった。帝国大学、工部大学校（どちらも東京大学の前身）を卒業した気鋭の研究者が教壇に立ち「わが工手学校には、帝国大学にあるものは、すべて揃っている」と公言するほど充実していた。土木、機械、電工、造家、造船、採鉱、冶金製造、舎密の八学科。設立に協賛した者たちの顔ぶれがすごい。岩崎弥之助、岩崎久弥、三井三郎助、住友友純、安田善次郎、浅野総一郎、古河市兵衛、高島嘉右衛門、清水満之助（清水組三代目社長）、鹿島岩蔵（鹿島組創設者）、そして大倉喜八郎。これだけの顔ぶれが賛同し金も出したのは時代の要請に応えたという一面もあるが、渡辺の業績、人徳によるものと思われる。蛇足ながら拙著『満洲の土建王・榊谷仙次郎—土建国家「満州国」の真相』（潮書房光人新社、二〇一七年）の主人公榊谷仙次郎は一九〇九年（明治四十二年）の同校の卒業生だ。

佐野常民（一八二三〜一九〇二）は西南戦争の最中に熊本に博愛社を創設して負傷者の救護にあたり、一八八七年に日本赤十字社と改称、初代社長に就任。今日の日本赤十字社の始まりである。

これからの日本のあるべき形

岩倉使節団に随行した久米邦武（一八三九〜一九三一）が『特命全権大使 米欧回覧実記』（全五巻）で詳細な記録を残している。久米は最初は岩倉の個人秘書であったが、途中から正式な回覧記録者に任命された。同実記の一部に「英国の富は、石炭と鉄とを以て、綿毛麻を紡織せるを眼目とせり、その羊は遠く豪州より輸入し、その綿花はアメリカ諸国より輸入し、その麻はインドから輸入し、亜麻はロシアから輸入す」と記されてある。イギリスと同じ島国で資源の少ない日本は、外国から輸入した資源を加工、製品化して輸出して利益を得るとは、まさしくこれからの日本のあるべき姿なのである。

久米は佐賀藩士で昌平黌《こう》に学び、帰国後は修史館・修史局で編年史編纂に従事。日本史研究に近代的歴史学の方法を移植するなど多大な功績を残した。

話は前後するが、岩倉使節団の主目的は条約改正のための予備交渉と思われている節があるが、欧米各国の文物・制度を調査し、それをわが国にどのように採用し実施するかという重大な使命を担っていた。使節団の使命は、一言でいえば「この国のかたち」をどうすべきか、西洋文明をいかに新生日本に取り入れるかにあった。全権大使・岩倉具視、副使に木戸孝允、大久保利通、伊藤博文、山口尚芳の他に各省理事官と随行員ら四六名、随行留学生四三名と大使・副使の随行員一八名を含めると一〇七名の一大派遣団であった。

第三章　飛躍

大倉組商会設立

五月、大久保利通が、七月、木戸孝允、九月には岩倉具視、伊藤博文ら主力組が帰国し、八月に帰国した喜八郎の身辺も慌ただしくなった。九月五日、喜八郎は横浜で木戸孝允と横山孫一郎（一八四八〜一九一一年）と会食。木戸が同席した理由は不明だが、横山と喜八郎はヨーロッパ滞在中に出会っており、貿易自立について意見を交わし、大いに意気投合したとされていることから、この時は後に実現する共同事業についても突っ込んだ話し合いがされたものと思われる。横山は父の赴任地の横浜で若くして英語を学び、英国公使館の通弁官（通訳）となり、七二年からスイスに一年間滞在したキャリアがあり、会食の機に喜八郎は横山から多くを吸収したはずである。

帰国した喜八郎に難題が待ち構えていた。出国前に喜八郎は陸軍用達業務を政府に申請し、ほぼ間違いなく認可が下りるはずであったのが、帰国してみると長州系の先収会社が設立されていて、先収会社が七分を占め、大倉は三分になったことに激憤。北陸の小藩出身で確かな政治的背景のない者が彼らに対抗するには自分で努力するしかないと喜八郎は改めて決意し、横山は号泣したという。

一八七三年（明治六年）十月、喜八郎は大倉組商会を設立。本店銀座三丁目、資本金一五万円。出資は喜八郎が七万円、旧津軽藩主五万円、旧新発田藩主が三万円出資。横山、従兄弟の大倉周三（横山、周三の出資額は不明）。個人企業の大倉屋から脱皮である。後に三井、三菱、住友、安田に次ぐ大倉財閥の出発点でもあった。役員は喜八郎が頭取、副頭取が横山と旧津軽藩君主津軽承昭の君側木村静幽。蔵米で鉄砲を売った際の津軽藩江戸家老・西舘平馬が会計方、通訳として欧米視察に同行した手嶋鍈次郎が帳簿方に就任。業務内容は外国貿易が主で、他に用達・造営（土木）、大倉鉄砲店は存続。

経営方針は極めて堅実で資本金は公債に替え、公債を担保として流動資金を得、当面の利益はすべて資本金に繰り込んだ。喜八郎は借金が嫌いで、やむを得ない場合は津軽家、または第一国立銀行から融資を受けた。こうした喜八郎の堅実さを信用した渋沢は無担保で多額の融資をおこなった。

日本企業、初の海外支店

一八七四年（明治七年）、喜八郎はロンドンに支店を開設、支店長に横山を起用。日本の会社が海外に支店を設けたのは、これが第一号で、喜八郎が「直接出貿易に従事するために小さな部屋を借り、ロンドンに支店を設ける」と回想しているように、当初の規模はその程度であった。

先にも触れたが大久保はロンドンで交わした約束どおり、喜八郎と協議して内務省所管羅紗製造所を設立。翌年、千住製絨所と改称して開業に至った。とりあえず原料の羊毛の納入を独占的に任された喜八郎は横山を牧畜の盛んなオーストラリアに派遣。横山は命じられた用件の他に幾つかの商品取引を成立させ、これが日本とオーストラリアとの通商の始まりとされている。さらに一八八〇年、横山は喜八郎の命でトルコ、ペルシャに行き、日本製の羅紗が商品として通用するか否かの試し売りをしている。喜八郎は横山をロンドン支店長に起用する際、「投機類似の行為と注文品以外の購入の禁止」を申し付けていたが、海外の事情に精通している横山に、ある程度のフリーハンドを認めていたのは、横山は使用人というより共同経営者との認識からであろう。横山は帝国ホテル設立の際、出資者の一人として設立総会で喜八郎と共に理事に指名され、設立後は常務理事としてホテル経営に携わったのも、横山の海外経験を買ってのものと思われる。横山は一九一一年、六四歳で死去するまで帝国ホテル取締役の職にあった。

大倉組商会はこの後、大倉組、大倉商事、大倉土木、大倉鉱業、大倉火災海上保険の、いわゆる大倉組五社に分かれるが、入り組んでいて煩雑なことから土木部門は大倉土木、その他は大倉、もしくは大倉組、大倉商事と記すことにする。

台湾出兵

一八七三年に欧米視察から帰国した岩倉、大久保らは不平等条約の改定には時間がかかると分かると、当面の外交懸案の解決に取り掛かった。幕末以来、樺太の帰属を巡ってロシアと紛糾。また征韓論を巡って国論は沸騰。同年六月に征韓論を巡って対立が生じて西郷隆盛、板垣退助、江藤新平らが下野した後、政府を主導したのは岩倉、大久保であった。樺太問題では黒田清隆の樺太廃棄論が採用され、翌年一月、榎本武揚をロシアに派遣、千島樺太交換条約を締結。さらに日本と清国（中国）とが帰属を巡って紛争していた琉球（沖縄）問題に取り掛かった。それより前の七一年、役人、船頭、乗務員ら六九名が乗った琉球の御用船が難破、三名が溺死、台湾南部に漂着した六六名のうち五四名が牡丹社（集落名）の原住民に殺害される事件が起きた。事件は琉球から鹿児島県庁に伝えられ、政府の知るところとなった。琉球が旧薩摩藩の属地であったことから台湾出兵が急浮上した。

一八七三年、政府は副島種臣外務卿を清国に派遣、日清修好条規の批准書交換に当たらせると共に牡丹社事件について質《ただ》したところ「台湾原住民の横暴を制するは我が政教の遠く及ばざるところなり」との回答を得たことから、台湾に出兵しても清国は介入して来ないと判断、にわかに台湾出兵が現実味を帯びてきた。

一八七四年三月五日、政府は台湾出兵を決定し、西郷従道を台湾蕃地事務都督に任命。西郷は軍艦日進を率いて長崎に行き、出兵の準備に取り掛かっていたところ、突然、米英が台湾出兵に反対を表明、また木戸孝允ら長州系の反対もあって、台湾出兵は一度は白紙に戻った。英米は先の清国の回答が口頭によるもので、公式なものでなかったことを問題にした。日本が台湾出兵を強行することで日本と清国の関係が悪化することを英米は好まなかった。しかし国内に鬱積する士族の憤懣を外に向けさせるためもあって、政府は五月、台湾出兵を強行、台湾西南部で軍事行動を展開し、一部地域を占領。同年十月、イギリスの斡旋で和議が成立。五〇万両（邦貨換算、約六七万円）の賠償金を獲得したうえ、清国は琉球の帰属問題でも日本に一歩譲った。

政府は出兵にあたって将兵、武器弾薬の輸送を、当初、英米の船会社に依頼する予定が、断られたことから外国船一〇隻（後に三隻買い足す）を購入し岩崎弥太郎の三菱蒸気船会社に輸送を委託した。しかし三菱が請けたのは輸送だけで、食糧、人夫、軍需物資の調達、現地での賄いを引き受ける者がおらず、政府は三井と交渉したが断られ、長崎の豪商永見伝三郎に頼んだが、これも断られ喜八郎にお鉢が回ってきた。大倉組商会を立ち上げたばかりの喜八郎には過重な任務であったが受けた。商機なのである。

喜八郎の身分は陸軍会計部雇で月給三〇円。しかし軍隊の賄いについては、全く経験がないことから有馬屋の森清右衛門、鉄屋組の田中長兵衛と共同で請けた。

余談だが東京日日新聞の記者岸田吟香（一八三三～一九〇五）は、当初、記者として従軍を希望したが、記者の同行を許すと軍の機密が漏れるという理由で却下されると、同新聞の出資者であった喜八郎に頼み、大倉組商会の社員として台湾に渡った。中国語に堪能な岸田は渡台すると通訳として採用され、かくして日本初の従軍記者として岸田の名は歴史に残ることになった。岸田の従軍記「台湾信報」は台湾出兵に関する貴重な見聞記となった。岸田は明治天皇の巡幸に同行が許された初めての新聞記者でもある。

喜八郎は五〇〇人の人夫、職人を募集、糧食、建築資材、天幕、薪炭などを買い集め、四月九日、アメリカ船籍のニューヨーク号で横浜を発ち長崎に着いたところで、台湾出兵が中止になったことを知った。喜八郎が被った損害は大きかった。岸田によれば「白米味噌醤油その他鶏卵菜蔬の類まで悉く船中で腐敗せり」

しかし政府の中止決定を承知しながら大久保と西郷、大隈重信は出兵を強行。大隈はアメリカ船籍のシャフツベリー号、イギリス船籍のデルダー号を政府の許可なく独断で買収、前者を社寮丸、後者を高砂丸と命名。喜八郎は西郷らと高砂丸に乗船して五月十七日、台湾西南部の社寮港に着いた。六月初めに牡丹社討伐は一段落、七月初旬には南部の一部を平定。戦闘による兵の死傷者は僅かであったが、八月になってからのマラリアの蔓延で西郷軍は実質的な戦闘能力を失うほどのダメージを受けた。喜八郎が率いた人夫五〇〇人のうち一二八人が死亡した。

戦闘が一段落した六月二十日、喜八郎は陸軍中佐佐久間左馬太（陸軍大将、台湾総督）らと漁船で南部の安平、台南を巡った。現地の商業視察である。この頃から喜八郎は南方交易の起点を台湾とする構想を持っていた。喜八郎にとっては商機、ビジネスチャンスなのである。

朝鮮一番乗り

台湾出兵で喜八郎は金銭的に得したか損したかは不明だが、大久保、大隈らの信頼を深めたのは確かで、喜八郎にとって収穫の多い台湾出兵となった。

この頃、政府は開国を拒む朝鮮に対して軍艦を出動させるなどの示威を試みていた。一八七五年（明治八年）九月二十日、軍艦「雲揚」が漢江河口の江華島付近に停泊中に朝鮮から砲撃を受けた。これに対して日本も応戦し、永宗島などを占領して台砲三八門を戦利品とした。江華島事件だ。政府は翌年二月に黒田清隆、井上馨を全権正副大臣として朝鮮に派遣、不法砲撃を抗議し開国を迫り、同月二十六日に日朝修好条規に調印。「朝鮮国ハ自主ノ邦ニテ日本国ト平等ノ権利ヲ保有セリ」と規定しながらも関税免除の特権や領事裁判権の承認などを含む典型的な不平等条約であった。

こうして朝鮮の扉をこじ開けた日本政府は翌七六年九月十五日、三菱汽船に対して朝鮮との定期航路を開くよう命じた。十月十四日、釜山への自由渡航が可能となると、政府は日本商人に朝鮮との交易を促したが、名乗り出る者はおらず、駐朝代理公使花房義質は喜八郎に朝鮮進出を促した。その当時、釜山には老若男女合わせて九〇人ほどの日本人が居住していたが、開国以前から行き来のあった対馬の人に限られていた。

喜八郎は一八七六年、大倉組手代の富田重五郎、鈴木真太郎らを率いて朝鮮に渡り派遣、釜山に大倉組支店を開設。翌年には甲斐絹、縮緬、京都の織物、日用雑貨に加えて舶来の羅紗、天竺木綿などを持ち込み、正札をつけて販売、また翌日にはチラシを配ったところ、これが大評判となり、たちまち売りつくした。朝鮮には品物に正札をつけて売るという習慣がなく、その場の当事者のやり取りで値段を決めていたことから、正札をつけたやり方に朝鮮の商人は驚いた。

飢饉に苦しむ朝鮮に一万石の米麦

一八七七年（明治十年）二月、西南戦争が勃発。陸軍御用達の命を受けた喜八郎は、ただちに肥後（熊本）に赴きその任に当たっていたが、前年に朝鮮に大飢饉が発生したことで、喜八郎は釜山支店を通して朝鮮の商人と一万石の米麦輸送を契約した。隣国救済の意味もあるが、これを契機に商取引の枠を拡大させようという思惑もあった。

しかし西南戦争で船という船は陸軍に徴用されて運ぶ船がない。喜八郎は長崎に出張中の外務省の渡辺洪基を訪ね「朝鮮向米麦輸送船ニ関スル大倉組見積書」を提出し船の調達を依頼。渡辺は岩倉使節団の一員であったが、途中で帰国したため面識はなく、お互いに名前は知っている程度の関係であったが、「隣国の窮状を救うためで、船賃は自分が払う」と言う喜八郎の熱意に打たれた渡辺は見積書に添え書きして外務卿寺島宗則に提出、さらに寺島から大久保に届いた。「内治も大事だが外務も大事だ。陸軍はオレが説得する」と大久保は瓊《たま》浦《うら》丸を確保。大久保は朝鮮への進出をためらう商人の中で、積極的な喜八郎の心意気を買って支援する気になったものと思われる。

六月初旬、喜八郎は米五〇〇〇石、麦、芋など合わせて一万石を積んで神戸港から朝鮮に向かった。釜山に着いた喜八郎は飢饉の状況をこう記している。

「大飢饉にて貧民の飢餓に迫る者多く婦女子夜間密かに和館（居留地）の内に来りて食を乞う者多し……人民の道路に飢餓する者陸続として相望めども官吏は恬として見ざるが如く尚も例に依りて暴政を行なう」

危うく遭難

さて無事、荷は送り届けたものの、御用船の瓊浦丸はさっさと帰ってしまった。しかし喜八郎はこの空白をムダにはしなかった。手代と共に朝鮮各地の情報を探った。

「貿易物産の内にて良好の砂金は咸鏡道の端山、聖台山、平安道の寧辺、江原道の洪山、慶尚道の漆原、咸安、その他にも全羅道の内等から出るもよし、人参、牛皮、木綿は諸道に産す、全国すべて鉱脈に富めるあり」との結果を得た。転んでもタダでは起きない男なのである。

日韓修好条規には朝鮮における邦貨の自由流通と日本人による朝鮮通貨との取引が認められていたが、交換を媒介する機関がないことが交易の大きな支障となっていた。朝鮮との交易を拡大するには為替交換所が必要なことを痛感した喜八郎は釜山の近藤真鋤管理官に為替交換所開設の願書を提出した。

ともあれ、喜八郎は急ぎ日本に帰らなければならない。大倉組は西南戦争で政府軍の御用達を務めていた。三井を中心に藤田組らと米、干物、梅干しなどの食糧、衣類など百般である。喜八郎が不在の間は兄の定七が仕切っていた。

だが、帰国しようにも問題は船。釜山の港には山口、広島辺りからのイカ釣り船が何隻か停泊していたが、どれも小さくて玄界灘を渡るには心細く、そのうち一番大きくて丈夫そうな船に目をつけた。「博多まで天候が良ければ三日、多少荒れても五日あれば十分」と船頭。ところが二日目の夕刻から海が荒れ始め、やがて大しけとなった。対馬の最南端の神崎岬に逃れて難破は免れたが、対馬の中心厳原で五日足止めを食った。

岩崎弥太郎

西南戦争と三菱・岩崎弥太郎

ちなみに西南戦争で三菱は政府の要請に応え、持ち船三八隻を駆使して七万の将兵と武器、弾薬などの輸送に務めた。その結果、西南戦争にかかった戦費総額四一五六万円の内、三菱への支払いが二九九万円になった。膨大な利益を上げた三菱は政府から無償で提供された三〇隻（後日、代金二〇万円を支払う）を合わせると持ち船は六〇数隻になり、日本にある汽船総数の七〇パーセントを占めるに至った。日本の海運を独占して政商として膨張する三菱に対して世論の批判が持ち上がる。西郷従道が「三菱の暴富は国賊なり」と批判すると、弥太郎は「国賊というならば三菱の船を全て焼き払ってもよいが、それで政府は大丈夫か」と開き直った。一八八二年（明治十五年）に渋沢、益田、喜八郎ら反三菱勢力が結集して共同運輸会社を設立して独走する三菱に対抗。三菱対共同の戦いは二年間続いた結果、船賃は十分の一にまで下がった。

余談になるが、一八九七年（明治三十年）の所得税調査では三菱二代目当主弥之助（弥太郎は八五年に他界）が九二万円、三代目になる久弥が一五万円、三井源右衛門、三井武之助、三井三郎助らがそれぞれ八〜七万円、渋沢が八万円で喜八郎は五万四五七七円で一九番目。断然優位な三菱を三井グループが追走、喜八郎ははるか後方に置かれていた。

第一国立銀行、釜山支店

無事帰還した喜八郎は釜山に為替交換所を開設できないかと渋沢に相談をもちかけた。当時の朝鮮の通貨は、穴あき銅貨で一〇〜三五枚が米国の一セントにあたる。通常、紐を通して一〇〇〇枚ずつ束になっていて、一束の重さが二、三キロにもなり、馬の背に積むだけ積むと通貨より運搬賃の方が高くつくありさまで、流通の大きな妨げとなっていた。

喜八郎と渋沢は双方が二万五〇〇〇円ずつ出資して為替交換所の開設を大蔵省に申請したが、銀行法の規定に触れると却下された。そこで渋沢は申請書の為替交換所の名称を第一国立銀行釜山支店に改めて再申請したところ、七八年一月に認可が下り、六月に開業、これによって朝鮮との商取り引きが簡素化された。第一国立銀行は渋沢が大蔵省の役人の時に手掛けたもので、当初の肩書は総監であったが一八七五年（明治八年）に頭取に昇格した。ちなみに第一国立銀行は後に第一銀行となり、一九四三年に三井銀行と合併して帝国銀行、一九七一年に日本勧業銀行と合併して第一勧業銀行となり、さらに富士銀行（戦前の安田銀行）、日本興業銀行との合併によって、現在のみずほ銀行になる。

渋沢栄一との出会い

渋沢は喜八郎との出会いについて、後年、こう語っている。

「その交遊の初めてというのは、明治十年の西南の役の時からで、当時私は、益田孝氏と共に支那に行って、帰途長崎に立ち寄ったが、折しも九州一円は西南の役のために、非常に混雑していて、もう熊本の城は薩摩兵に取囲まれているから、今に長崎にも押し寄せて来るという噂であった。その噂のうちに私達は長崎から船で帰路についた。大倉翁と会ったのはその時の船中であった。勿論鶴彦翁の名は、それ以前、私が大蔵省の役人をしている頃、五代友厚から聞いてはいたが、親しく面会して談を交えたのはこの時が最初だった。その時、鶴彦翁は『今朝鮮が飢饉だから糧食を積んで朝鮮の急を救いに行くつもりだ』と言っていた。その糧食輸送の任に選ばれたのが、大倉翁であった。もとより翁は、陸軍の御用達として九州に来ていたのだが、大久保内務卿の依頼に奮起し、危険を冒して朝鮮に行こうという大決心であった。翁は『国家の為には身を殺しても仕方ない。一身を捨ててもこの仕事はしとげなければならない』と非常な意気込みで言われた。その決心の程を見て、私は、この人は商人ながら尋常一様の人ではない。ただ金儲けにばかり腐心して他を顧みない商人とは選を異にしている。たしかにわが党の一人であると思った」

渋沢は大蔵省の役人だった大蔵大輔（次官）井上馨と財政改革を建議したが受け入れられず一八七三年（明治六年）、官を辞し実業の世界に転じた。当時は官尊民卑の風潮が強く、実業界は官界に比べて一段と低く見られていた。「実業は国の本であるのに、なぜ実業が軽視されるのか」との渋沢の思考に共鳴した喜八郎は、渋沢、益田（三井物産社長）、福地源一郎（東京日日新聞社長）らと多方面にわたって協力、行動を共にして日本の近代化を進める大きな推進力となった。

「たしかに我が党の一員であると思った」とは渋沢が喜八郎を同じ志を抱く仲間と認めたことに他ならない。その第一歩が一八七八年（明治十一年）三月に実現した東京商法会議所で、今日の東京商工会議所の前身にあたる。喜八郎は渋沢、益田、福地らと発起人となり、初代会頭には渋沢が就任、益田、福地が副会頭、喜八郎は外国貿易事務委員五名の一人に選出され、一八八一年には副会頭に就任する。

日清戦争前夜の朝鮮

開国以前の朝鮮が鎖国下にあった時代は、朝鮮の外国との交易は中国人が独占し、場所も京城、開城、平壌、安州、義州に限られ、釜山の草梁館での日本商人との取引はごくわずかであった。根強い勢力を持つ中国商人に対抗するため、喜八郎は日本各地の商人に朝鮮との交易を勧める一方で、西洋型帆船の高麗丸を造船して朝鮮貿易の拡大をはかった。

釜山は天然の良港だが、山が海岸まで迫っていて平地が少ないことから、喜八郎は開港地としての釜山に限界を感じていた。日朝修好条規では釜山の他に二つの開港地を設けることになり、一八八〇年（明治十三年）に元山が、一八八三年に仁川が開港となった。元山が開港になると三菱は定期航路を釜山から元山に延長し、第一国立銀行は元山に出張所を開設、大倉組、三菱商会、住友商会、藤田組、池田組ら一六の企業が進出。また元山の開港によって、それまで距離的なこともあって日本との交易をためらっていた北部朝鮮商人の対日貿易を促すことになった。

日本との貿易が拡大し、開港地における日本人勢力が強くなると、朝鮮国内で反日機運が高まった。外国高級綿布の流入は朝鮮国内の業者を圧迫、穀物の流出は米価を高騰させた。

開国後、朝鮮宮廷、政府官僚は三派に分かれた。清朝との宗属関係を重視する守旧派、日本や欧米との関係を直視し改革を進めようとする急進開化派とその中間の親清開化派。

一八八二年（明治十五年）、漢城（京城）で兵士・市民の抗日暴動が起きた。ことの起こりは軍制改革によって新編成された軍隊に比べて差別された旧軍兵士の怒りである。これを失脚中の大院君が、閔氏政権の転覆に利用し、日本公使館襲撃を教唆扇動。いわゆる壬午《じんご》事変だ。花房義質《よしとも》公使はかろうじて脱出したが一〇数人の死傷者が出た。群衆はさらに王宮を占拠し閔氏政権を崩壊に追い込んだ。

事件発生から一ヵ月後、清国は軍隊を派遣して漢城を占領、閔氏政権を復活させて大院君を拉致し、日本は朝鮮に済物浦《さいもっぽ》条約の締結を迫り、日本への賠償と謝罪を要求、清国と同様の常時駐兵権を認めさせた。

民衆の変革を求める蜂起は失敗に終わった。自国の急激な変革から生じる政治・経済の矛盾のはけ口を朝鮮に求める中国、日本は韓国現状維持が望ましかった。

第四章　日清戦争

平時業務を停止して軍工事優先

一八九四年（明治二十七年）五月一日、朝鮮全羅南道で農民による暴動が発生、これに呼応して東学党が蜂起、東学党の乱である。閔氏政権の要請で清国が軍隊を派遣すると、一八八五年の甲申政変後に清国と結んだ天津条約の「将来朝鮮に出兵する場合は相互通知が必要」という規定を盾に日本も軍隊を派遣。「朝鮮の独立と改革の推進」を大義名分に、同年八月一日、日本は清国に宣戦布告、日清戦争である。こういうこともあろうかと準備おさおさ怠らなかった日本軍は、李鴻章の私的性格の強い清国北洋軍の陸海軍を相次いで撃破。翌九五年、日清講和条約で清国は、①朝鮮の独立を認める、②遼東半島、台湾、澎湖島を日本に譲渡する。③賠償金二億両（日本円で約三億円）を支払う、④日本に通商上の最恵国待遇を与えることなどを認めた。ちなみに日本が日清戦争に費やした戦費は二億五〇〇〇万円前後で遼東半島還付金の六〇〇〇万円を加算すると、戦後の日本経済は潤った。焼け太りならぬ戦争太りである。

また日清戦争は大倉にとって飛躍の場となった。当時の日本陸軍の兵站輸送能力、軍事建築物の造営能力は、きわめて貧弱で民間の協力なしでは遂行不可能な状況にあった。大倉は従来から陸軍の用達業務に深く関わっており、また他の財閥にない強力な土木・建築部門を有していたことから、緊急時における陸軍の要求に迅速に対応することが出来た。

開戦となると進んで陸軍御用達を引受けた喜八郎は陸軍経理部から軍夫の供給、四万輌の荷馬車の納付など諸材料の納入、急設工事の施工など多様な命を受けた。喜八郎は、国内の平時の土建工事を一八九五年半ばまで一部を除いて停止、戦争一筋に集中した。

報知新聞の記者から小説家に転向、大衆作家として人気を博した村上浪六（一八六五～一九四四）はこう記している。「日清戦争前後における大倉組の活動は目ざましいものがあった。実際、日本の陸軍が思うように活動出来たのは大倉組という大きな力があったからである。当時は大倉組ほど、仕事に差し支えない、実力のある、何でも出来る会社はなかった。早い話が、単なる工事だけでも、当時の陸軍工兵隊の力だけではどうにもならなかった」

釜山港埋築工事

日清講和条約で遼東半島の日本への割譲が決まると、喜八郎はただちに満洲への進出を立案。旅順、大連、金州（中国遼寧省）に支店を開設することにしたが、三国干渉によって叶わぬとなると、他に先んじて京城に出張所、さらに台湾領有が決まると台北に出張所を開設した。

戦後、朝鮮に移住する日本人が増えた。戦前は九三五四人だったのが一万二三〇三人へ。居留地別では漢城（京城）では八四八人から一八三九人、仁川は三二〇一人から四一四八人、釜山は四〇二八人から四九五三人。

喜八郎は、かねて懸念していた釜山港の改築に取り組んだ。当時の釜山港は湾の南端に簡単な防波堤で囲まれた船溜まりがあるだけの貧弱なもので、一方の湾に面した海岸には山が迫り平地がないので、市街は竜頭山から西に伸びる以外に道がなく、それが発展を妨げていた。一九〇二年（明治三十五年）、喜八郎は資本金三五万円の釜山埋築株式会社を設立、自ら社長になった。工事は大倉土木が請負い、二年後に三万二〇〇〇坪、一九〇八年（明治四十一年）には四万一三〇〇坪の埋め立てを完成させ、釜山港は海の玄関に相応しい港に生まれ変わった。喜八郎はその内の一万六〇〇〇坪を公共用地として提供。それまで草梁にあった京釜鉄道の始発駅が埋立地に建造された釜山に移った。また桟橋が一つだったのが二つになったことで満洲・中国本土へ連絡の関門として発展していく。

後に喜八郎の業績を称えた釜山府はその一部を大倉町と命名。なお喜八郎は鎮南浦（北朝鮮・南浦）の海面埋築工事も手掛けている。一九〇四年（明治三十七年）に起工。計画は二三万八〇〇〇坪。一九一一年に約六万坪が、一九二四年にはおよそ一八万三〇〇〇坪の新たな土地が誕生し、停車場用地、平壌鉱業所貯炭場用地となり、その他は市街地となった。鎮南浦は過去も現在も半島西海岸、屈指の良港として栄えているが、その礎を築いたのは喜八郎なのである。キム・ジョンウンは、おそらくその事は知らないであろう。

一九〇二年（明治三十五年）から一九〇八年（明治四十一年）の間に大倉土木組が朝鮮で請負った工事は、時代順に京釜鉄道敷設の一部（釜山・京城）、臨時軍用鉄道敷設、平壌停車場内鉄道倉庫、新義州停車場内官舎、京義線改良（京城・義州）、釜山埋築工事、京城王宮建築、京城運輸㈱新築、京城病院新築、韓国軍司令部内道路、京城郵便局分室新築、総監府京城官舎、水原勧業模範場、大韓医院新築、竜山官舎新築ら三三件に及び、請負金額は五八一万九八三四円と他の企業を圧倒した。

朝鮮・群山に大倉農場

また喜八郎は一九〇三（明治三十六年）年に全羅北道の群山に二五〇〇町歩の土地を購入、農場経営に着手し、品種改良、灌漑施設の増設などに務めた。後背地に全州平野、江景平野、茁浦《さっぽ》平野らの沃野を持つ群山は、それまでも米どころとして知られていたが、喜八郎に続いて大阪の米穀商社藤本合資会社、旧熊本藩主の細川護成《もりしげ》、三菱の岩崎久弥らが相次いで参入したことで、群山は朝鮮一の米の集荷地となった。

一九一四年（大正三年）に朝鮮総督府殖産局に赴任して以来、朝鮮の産業化に取り組んだ穂積真六郎は、後年、こう語っている。

「朝鮮は日本に比べて雨が少ないことから、水稲も雨次第で雨が降ったら苗をばらまきする地方が多く、それを正条植えといって等間隔に植えたほうが根も張り、収穫が多いので、これを直すのが第一の仕事でした。次は収穫時に穂を叩いて実を落とすと、藁が使えなくなし、石が混じって商品価値が落ちることから、ムシロを敷いて稲こぎの機械を使うことを指導しましたが、他民族に征服されてそのやり方に従わされることに抵抗があるのか、教えても聞いていないのか、なかなか実行しようとはしませんでした」

当時の朝鮮は人口の八割以上が農民、それも小作農で、〈春窮〉という言葉があるように、秋に収穫した米の大半を地主に収めると、春には食べるものがなくなり、ドングリなどの雑穀を食べて飢えをしのいだ。日本の産米増殖計画によって、米の生産量は上がったが、日本が凶作の年は、収穫の多くが日本に輸出され小作農家の暮らし向きは少しも良くはならなかった。一八九八年には朝鮮で産出された米の三分の二が大阪を中心とした関西に輸出された。

台湾島民の激しい抵抗

日清講和条約によって日本は台湾及び澎湖島を領地としたが、清国兵の残党や原住民の激しい抵抗に遭う。一八九五年（明治二十八年）五月、台湾北部の三貂角《さんてんかく》に上陸、六月三日、基隆を、七日、台北を攻略して十七日に至って、やっと台湾総督の始政式が挙行される状況となった。初代台湾総督の横山資紀は十一月に「全島平定」を宣言したが、島民によるゲリラ活動は二代桂太郎、三代乃木希典の代になっても続き、軍民合わせて一万七〇〇〇人余の犠牲者が出た。掃討作戦を遂行するに必要な電信の架設、軽便鉄道の敷設、軍用道路の建設など大規模土木工事が始まったのを当て込んで多くの請負人、商人が渡台したが、おおむね質が悪く不正行為が絶えず、歴代総督は対策に手を焼いた。

その頃、東京では台湾の経済開発を目的として実業家による興業会が結成された。中心になったのは一八七四年（明治七年）に実際の台湾を経験している喜八郎で、資本金八〇〇万円で台湾鉄道会社を設立したが、資金が調達できずに解散。

喜八郎は商事部門の賀田金三郎を、土木部門の金子圭介を先発隊として台湾に派遣した。賀田は日清戦争では大倉組の広島支店長として軍需物資の輸送で指揮を執った男で、金子の任務は基隆に酒保を開設することであった。

乃木希典と喜八郎

喜八郎は伊藤博文、桂太郎らに促されて、一八九六年（明治二十九年）に再度、渡台した。そのときは、大倉事務所とは名ばかりの土間にゴザを敷いただけの粗末なもので、喜八郎は府前街の劉公館を買い取って、二階の六畳ほどの部屋で寝起きしたが、それでもゴザを敷き、部屋の仕切りは白布という状況に変わりはなかった。

喜八郎は台湾滞在中に三度も総督の乃木希典を訪ねたが、その都度「官用多忙」を理由に断られた。四度目にやっと面会が叶ったが、乃木は直立不動の姿勢で「本官は商人と直接の交渉は望まぬ。止むを得ざる場合は五分間を限り面会することにしている。予め左様承知して貰いたい」と言った。乃木の頭には「石ころ缶詰事件」のことがあったのかも知れない。

台湾の殖産興業に関わることが五分やそこいらで話せるわけがない。日清戦争後の苦しい国家財政の中で持ち出し一方の台湾は重荷でしかなく、フランスへ一億円での売却説まで出ていた。産業を興し、台湾自体が富を産む状態を構築しなければ維持が困難なのは明白にもかかわらず、無垢な軍人の乃木にはそのことを理解しようともしなかった。

後藤新平との出会い

喜八郎は待つことにした。総督はいずれ交代する。果たして乃木は一年四ヵ月で退任。後任の総督には陸軍中将児玉源太郎が就任。児玉は台湾総督に就任した後も、伊藤内閣の陸軍大臣、第一次桂内閣の内務大臣、文部大臣らの要職を兼任し、台湾不在が多く「留守総督」と揶揄する向きもあったが、日清戦争を挟んで五年半にわたって陸軍次官を務めた児玉は政府内の権力構成、政府と議会との力関係を知り尽くしていた。つまり当代きっての実力者であっ

乃木希典

後藤新平

た。そんな児玉が全幅の信頼で以て民政長官に起用したのが後藤新平であった。「人を使うか人に使われるか」といわれた後藤だが、児玉にはよく使われ、同時に専門知識のある有能な部下をよく使った。

　後藤は卓抜した手腕で、一九〇六年（明治三十九年）に満鉄総裁として転出する九年の間に台湾経営の基盤を築いた。「習慣とか制度は相当な理由があって、必要だからあるので、その理由をわきまえず未開国に文明国の制度を押し付けるのは、ヒラメの目を鯛の目に取り換えるようなもので、そんなにうまくいくはずがない」と後藤。有名な「生物学の原則」である。本職が医者の後藤は、徹底した科学的調査で現地の習慣、制度を調べ、その結果を行政に活かした。教育勅語を漢訳して現地人に読ませようとした乃木とは大変な違いである。

台湾縦貫鉄道

　乃木が退任した一八九八年（明治三十一年）、喜八郎は『台湾協会報』第一号に「台湾の前途に就きて」と題する論文を寄稿。その骨子は「民度の低い台湾に相当に進んだ日本の制度を、ただちに押し付けることは間違っている。現在の日本の国力では台湾の経済発展のために投下しうる資本は限られている」

前段は後藤の「生物学の原則」に通じるものがあるが、後段は実業人らしく現実を直視している。喜八郎がことに重視したのは交通機関と金融機関の整備であった。

一八九八年に後藤が政府に提出した台湾統治救急案を政府が台湾事業公債法案として、当初六〇〇〇万円の予算が三五〇〇万円に減額になったが、ともかく承認された。原案の骨子は、①旧慣の尊重、警察と行政の一体化による経費の節減、②阿片を主要財源として、さらに外債を募って台湾の拓殖を推進する、③鉄道、築港、上下水道などの公共事業を起こす。法案が承認されたことで、資金面から宙に浮いていた台湾縦貫鉄道が動いた。後藤は自ら鉄道部長となって縦貫鉄道の建設を推し進め、九年の歳月をかけ一九〇八年（明治四十一年）に全線が開通。

縦貫鉄道は全線を北部線（基隆・葫蘆墩間）、南部線（濁水渓間・高雄）、中部線（葫蘆墩間・濁水渓）の三つの工区に分け、一八九九年に南北両側から工事が開始された。総工費は二〇三二万円。北部線は大倉組を中心に沢井、久米、佐藤、吉田、村田の各組、南部線は鹿島、久米、志岐組、中部線は鹿島、沢井、久米、佐藤、吉田らの各組が請けた。なぜか重複があるが、その理由は分からない。大倉が請けた茶山隧道工事では伝染病に苦しめられ、従業者と家族に多くの罹病者が出た。縦貫鉄道を通して二番目に長い第七号隧道で完成まで九度の大災害に見舞われた。

台湾を南北に貫く縦貫鉄道は台湾経済の大動脈となり、台北の基隆港と台南の高雄港とが結ばれることで、一大物流ルートが形成され、台湾経済は拡張期に向かうのである。一八九九年から一九一二年まで大倉組が縦貫鉄道を含めて台湾で手掛けた大規模工事は、時代順に基隆港内浚渫《しゅんせつ》、台湾総督府製薬所、台北小学校、第二製薬所事務所他、基隆郵便局、台湾銀行宿舎、台北高等官官舎、蕃薯寮庁下獅仔頭圳新設、第二発電所水路水害復旧、後里庄付近圳路開鑿工事、阿里山鉄道敷設工事ら二〇件、請負総額は四九〇万八五四〇円。

台湾の製糖業と喜八郎

官営事業中心の殖産興業政策が一区切りつくと、総督府は徐々に民間産業の保護育成に力を入れるようになった。

当初、台湾の重要産業は樟脳、米、茶、砂糖などで、中でも樟脳は最も有望視されていた。喜八郎は一九〇〇年（明治三十三年）、樟脳の海外一手販売権の競争入札に参加するために娘婿の高島小金治（一八六一〜一九二四）を派遣したが、総督府が歳入不足を補うため樟脳を専売制に決定したことで断念。このことについて後藤新平は後年「私が民政長官として樟脳専売を断行したため、従来、これに関係していた大倉組は仕事を失ったわけであるが、翁（喜八郎のこと）はそんな愚痴めいたことは私に向かっておくびにも出されたことはなかった」と語っている。

しかしこの話には前段があった。総督府は英国資本のマーカス・サミュエル商会を通じて英国で起債出来ればとの思いがあったが、この思惑が外れて樟脳の専売に踏み切った。大倉組とマーカス・サミュエル商会は、一八九六年（明治二十九年）に台湾製薬所管轄の阿片の請負の認可を共に受け、大倉が同社業務の一部の代理業務を引受けていた関係もあって、樟脳から手を退いたのには後藤のせいばかりではなかった。高島は川越の出身で慶応義塾を卒業後、五年半、同校で教鞭をとった後、一八八六年から二年に渡って欧米視察。帰国後、大倉組に入り、喜八郎の三女つると結婚、副頭取といくつかの役員を歴任。

一九〇〇年（明治三十三年）十二月、総督府が支援、三井の出資で資本金一〇〇万円の台湾製糖株式会社が設立された。台湾で最初に設立された近代的製糖工場である。設立当初、経営は苦しかったが日露戦争後に業績が好転。台湾での製糖業が儲かると分かると、一九〇六年の明治製糖を皮切りに三年間でペイン商会、大東製糖、大日本精糖、東洋製糖、塩水港製糖らが相次いで台湾に進出。

しかし製糖業では大倉は三井に先行するチャンスがあった。樟脳の件で、高島が台湾に滞在中のことだが、台湾総督の児玉源太郎から大倉組台北支店長の柵瀬軍之佐《さくらいぐんのすけ》に製糖業に進出したらどうかとの誘いがあったが、なぜかこの話は喜八郎の耳に届いていなかった。

三井から遅れること九年、一九〇九年（明治四十二年）に喜八郎は新高製糖株式会社を設立。資本金五〇〇万円。高島小金治が社長、喜八郎は監査役。一九一五年に台風で甘蔗園の収穫が三分の一に激減したこともあったが、社業はおおむね順調で一九二〇年には資本金を五〇〇万円から二八〇〇万円に増資。二二年に高島が死去し、喜八郎が社長に就任。この頃から製糖業全体に陰りが見え始め、二四年には明治製糖との合併話が持ち上がったが不成立に終わり、二六年に喜八郎の体調面の懸念から喜七郎が社長に就任したが業績は回復せず無配当に陥り重役が総退陣。大倉家の製糖業への関心が薄れたこともあって、新高製糖の持株を大日本精糖に売却。喜七郎に代わって藤山雷太（一八六三〜一九三八）が社長に就任。三五年に大日本精糖に吸収合併された。

台湾銀行

一八九九年（明治三十二年）、台湾銀行が営業を開始した。台湾銀行法は一八九七年に成立していたが、日清戦争後の不況で株を募集しても集まらず開業に至らなかった。政府は当初外債で賄うつもりでいたが、外債、内債にせよ日本は募れる経済状態ではなかった。そこで政府は一計を案じた。台湾銀行を成立させ、台湾銀行が公債を募集、もしくは借り入れし、台湾独自の力で事業を成し得る状況を期待した。極端な言い方をすれば起債のための銀行であった。資本金は五〇〇万円（五万株）。筆頭株主は政府の一万株、二位が賀田金三郎の四三三八株、三位が喜八郎の二六五二株、四位が皇室の二五二二株。頭取は元大蔵省次官の添田寿一（一八六四〜一九二九）。喜八郎は監査役三人のうちの一人に任命された。添田は金本位制度の実施に貢献、後に貴族院議員となり鉄道院総裁を務めた。

民間人の筆頭株主となった賀田は前に触れたように、一八九五年（明治二十八年）に喜八郎が商事部の代表として台湾に派遣した男であった。

一八九七年に喜八郎は国庫金の郵送、全島郵便局間の金銭の運搬及び託送、陸軍所管の人夫の供給などを業務とする駅伝社を設立、賀田を責任者とした。台中、台南、宣蘭、台東に支店を設置した他、二三の出張所を設け全島をカバーする態勢を整えた。その頃、台湾には銀行はなく、駅伝社は十分に見合うビジネスのはずであったが、治安が悪く強奪事件が頻発し、ついに死者が出るに至って喜八郎は業務を停止したが、賀田は喜八郎に断りなしに継続したことから、喜八郎と袂を分かつ形となった。賀田はその後も台湾、朝鮮などで独自に事業を展開したが、大倉組の主要業務の土木事業には手を出さないなど一応のけじめはつけた。

喜八郎、金平糖論

台湾縦貫鉄道の工事の進展によって交通が便利になり、他方、南部討伐作戦が効果を上げると、台湾での軍事作戦が縮小に向かい、軍の用達業務の多くが不要となった。児玉は喜八郎に用達業務を地元の業者に譲るよう勧めた。軍の用達業務に頼る時代は終わったと判断した喜八郎は勧告を受け入れ、台北支店一ヵ所を残して、他は閉鎖した。

大倉の台湾に於ける業務が縮小に向かったのは、このような時流もあるが、喜八郎が人事を掌握し切れなかったこともある。先の賀田がそうだが、久米民之助のケースもそうだ。久米は大学を出て官吏、大学の助教授などを経て、一時、高島嘉右衛門の土木部門で働いていたが、一八八七年に喜八郎と藤田伝三郎とが設立した、土木建築業では日本初の法人組織、有限会社日本土木会社に入社。佐世保軍港工事に派遣されたが、長崎で横山孫一郎と出会ったことで海外事業に興味を抱き、本社にハガキで知らせただけで中国に行き、李鴻章と会って「自分は日本の大倉組を代表して来たのだが、鉄道工事を請負わしてくれ」と申し込む。当然のことだが断られた。帰国してそのことを喜八郎に報告し叱られると思ったら「大倉組の宣伝になった」と逆に褒められた。このことを久米は終生恩義に感じていた。

久米が一八九五年（明治二十八年）に台湾に渡ったのは大倉土木の代人としてだが、台湾縦貫鉄道には独自の久米組として参加。また久米組の技術員として渡台した志岐信太郎も志岐組として独自に工事を請けている。志岐は工手学校（工学院大学の前身）を卒業後に日本土木会社に入社。久米とは同じ釜の飯を食った仲でもあった。久米組も志岐組もその後、社業は隆盛で、満鉄が一九〇四年に初めて満洲で施主として行なった安奉線改築工事では大倉、間、鹿島組らと並んで請負うほどになった。満洲で満鉄の工事を請負うのは、即ち一流の証なのである。ちなみに安奉線改築工事では全一九区の内、大倉土木が一七、一八区、志岐組が九区、久米組が一〇区と大倉系が四区間を占めた。先の台湾縦貫鉄道もそうだが、大倉が土木分野で、いかに先駆的役割を果したかが分かる。

部下の離反について、後年、喜八郎はこう語っている。「あれだけ人選して資本を提供し仕事を授けてやったのに何故であるか。いろいろ調べてみると、どうも仕事をしているうちに人が変わるようだ。日本にいたときは堅牢な良き思想を持ち忍耐力もあった者が、熱帯地方に行くと三年位の間に頭が変になってしまう」

しかし喜八郎の側近として重きをなし、喜八郎の葬儀委員長を務めた門野重九郎は喜八郎をこう評している。

「菓子に例えるなら金平糖であって、数本の角が発達していて、その角の先端を外面とする球を描けば大いなる球、大なる人物であるが、その角の根に生えている砂糖球は大なる球でないと評することは失当ではない。つまり不均一なる発達をされた人物であるように思う。しかし大人物は皆この種のものであると言われる」

身近にいる者だから言えることである。しかし的を射ている。人事に振り回されているようではワンマンにはなり得ないが、反面、人事はワンマン経営者の泣き所でもある。

門野は年齢が喜八郎より三〇歳若い。慶応義塾で理財学、法律学を学び、一八九一年（明治二十四年）、帝国大学工科大学土木工学科を卒業後、米国のペンシルバニア鉄道会社に入り、四年間にわたって鉄道敷設工事に従事した後、退社して欧州の工業の実情を視察して一八九六年に帰国。経歴が物語るように、喜八郎とは対照的に典型的なエリートである。喜八郎の知遇を得て、九七年に大倉組に入社。一九一四年に大倉組副頭取、大倉土木会長となり、三七年まで在任。社業以外でも経済界で広く活躍、東京商工会議所会頭、日本商工会議所会頭を務めた。

台湾協会と拓殖大学

一八九八年（明治三十一年）三月、台湾の経済開発を促すための民間組織を設立する計画が、総督府民政長官を退任した水野遵（海軍中将）らによって進められ、喜八郎は当初から設立委員として参画。同年十月、その趣旨に沿って台湾協会が設立された。会長は桂太郎

（二代台湾総督、後に首相）、水野が幹事長、喜八郎は会計監督に就任。山県有朋、伊藤博文、西郷従道、松方正義、大隈重信、板垣退助、乃木希典、児玉源太郎らが名誉会員として名をつらねる、まさしくオール・ジャパンである。設立の趣旨は、当面は台湾の経済開発だが、すでに広く海外市場を見据えていた。

一九〇〇年（明治三十三年）、台湾協会は台湾協会学校を設立。喜八郎は創立委員として参画。校則の第一条が「本校は台湾及び南清地方に於いて公私の業務に従事するに必要なる学術を授けるを以て目的とする」。〈必要な学術〉とは語学で、〈南清地方〉は上海以南の中国本土を指す。台湾を起点に中国南部にターゲットを広げようというのである。

学校の本部校舎は東京の小石川区茗荷谷に建てられ、工事は大倉組が約五万円で請けた。学校運営の経費は寄付によって賄われた。高額寄付者は中橋徳五郎が五三〇〇円、岩崎弥之助、岩崎久弥、三井八郎右衛門、三井元之助が各二五〇〇円、住友吉右衛門が二〇〇〇円、馬越恭平が一五〇〇円、渋沢栄一、安田善次郎、浅野総一郎、古河市兵衛、喜八郎らが一〇〇〇円、財界もまたあげてのオール・ジャパン。中橋は農商務省、逓信省から実業界に転身。後に大阪商船社長、日本窒素肥料会長を務めた関西財界の重鎮。

学校設立の一九〇〇年初頭はアジアにとって激動の幕開けでもあった。前年、清国では義和団の乱が勃発、「扶清滅洋」、すなわち「清（国家）を守り、侵略者（列強）を撃滅せよ」をスローガンに蜂起、各地で教会、鉄道を破壊し、清朝は義和団を支持して列強各国に宣戦を布告。ドイツのワルデルゼー将軍を司令官として日本軍を主力とする、英・米・仏・独・

露ら八ヵ国連合軍は反攻に転じ天津を攻略、北京を占領、義和団を鎮圧。一九〇一年、清と辛丑《しんちゅう》和約（北京議定書）を締結し、清は賠償金の他に各国の駐兵権を承認。清国は分割を免れたが、半植民地化に拍車がかかる結果となった。

他方、ロシアの南進を脅威とする日本と英国は一九〇二年に日英同盟を締結、対ロ強硬策が日本外交の主流となった。

このような変動期に遭遇した台湾協会学校の卒業生は実社会へと巣立った。一九〇四年に日露戦争が始まると、九六人の卒業生並びに在校生は軍事通訳として従軍。日露戦争後に日本の海外領土が拡大すると、同校生徒の就職先も台湾、中国から朝鮮、満洲へと広がった。一九〇七年、同協会は東洋協会へと発展解消。台湾協会学校は何度か名称が変わったが、今日の拓殖大学である。外国語学部、国際学部が充実する同校に建学の精神が今も生きている。

第五章　日露戦争

児玉源太郎に男と見込まれた喜八郎

喜八郎の本領は飽くことなき海外志向であり、台湾、朝鮮、満洲、中国本土の広範囲に事業を展開した。しかしそれに費やされた膨大な投資は、その多くが当面、収益の見込みの立たないにもかかわらず、それがあり得たのは大倉組が喜八郎の個人企業としての性格が強く、株主などの思惑を気にすることなく好き勝手にやれたことがある。

ロシア、フランス、ドイツによる三国干渉によって遼東半島を返還せざるを得なかったのは日本国民を落胆させただけでなく、朝鮮に於ける日本の威信を失墜させた。代わって韓国（一八九七年に国号を「大韓帝国」に改称したことから以後、韓国と記す）への影響力を強めたのはロシアで、これに呼応するかのように韓国政府は宮廷から親日派を追放し、親露派で固めた。一八九五年（明治二十八年）の閔妃《びんひ》殺害事件以後、韓国国内に高まる反日機運に便乗したロシアは国王・高宗を公使館に囲い込み、国王が他国の公使館で執務するという異

児玉源太郎

常な事態となった。しかしロシアと全面対決するだけの国力のない日本は妥協した。「互いに韓国の内政に干渉しない」「日本の商工業への進出を邪魔しない」と引き換えに「ロシアの旅順、大連占領を黙認」(一八九五年、西・ローゼン協定)。しかしこの時、日本は、いずれロシアとの対決は避けられないものとしていた。日本の国内の機運は「ロシア討つべし」で盛り上がった。

そうした折のことである。児玉源太郎は喜八郎についてこう語っている。

「彼は我が陸軍との仕事の関係から世間から非難があるが、日清、日露の二大戦役は軍事上世間に知られない苦心があった。しかるに予算の決定は議会にかけられてのことであるが、それを待っていたのでは事が遅れてしまう。さりとて予算が決まらないと如何ともしがたい。こういう折に首が飛んでも仕事をやり遂げてくれる忠臣蔵の天野屋利兵衛のような男に頼まなければならない。こういうわけで大倉を見込んで大仕事をやってもらったことがいくらもある」

彼とはもちろん喜八郎のことで、いみじくも喜八郎と陸軍との抜き差しならぬ関係を語っている。周知のことであるが、日露戦争の満洲軍総司令官は大山巌だが、総指揮を執ったのは総参謀長の児玉だ。鉄道、道路、その他の軍用施設の建造が急務の場合、予算が議会を通るのを待っていたのでは戦の役には立たない。軍用達の企業多々ある中で、確かな土木、建築部門を持つのは大倉組だけである。もとより予算が付いた後は清算されたであろうが、先にも記したように一九〇二年から〇八年間の大倉組が請けた工事は三三件、請負総額は五八一万九九八三四円の巨額にのぼる。

率先して三〇〇万円を拠出

一九〇四年（明治三十七年）一月二十一日、喜八郎は岩崎久弥、三井八郎右衛門、益田孝、近藤廉平、原六郎らと共に首相官邸に呼ばれた。日露両国が宣戦布告した二月十日の二〇日前のことである。話は戦時財政についてで、前日には日銀総裁松尾臣善、副総裁高橋是清、三井銀行専務理事早川千吉郎、安田銀行頭取安田善次郎ら主要銀行の幹部二六人が呼ばれていた。二月十三日、戦費調達のための第一回国庫債券一億円の発行規程が公布され、三月一日に発行。引き続き六月十日、十月三十一日、翌年三月二十五日の四度にわたってそれぞれ一億円の追加発行があり、いずれも三倍から五倍の応募があった。喜八郎は他の実業家に先んじて三〇〇万円を拠出。さらに大倉土木の平常業務を一切中止して、急設工事及び戦地への建設材料の輸送供給などを請負った。

三月十七日、黒木為楨《ためとも》大将率いる第一軍が広島の宇品港を出発。喜八郎は大倉組皮革製造所に勤務していた式村茂に第一軍に帯同するよう命じた。

「足下は今よりただちに従軍し、微力たりとも赤忠を披瀝して軍に奉仕し、国恩の万一にも報ずべし。予は国家のためには如何なる犠牲も辞するものにあらず。幸い戦捷《せんしょう》の暁には満蒙に於ける、又露国の権利は挙げて皇国の有に帰すべきにより、この行併せて速やかに之等の利権に着眼し、我国経済界に多少共貢献するに足る商工業又は鉱業等の凡有《あらゆる》遺利について調査せよ」

注目されるのは戦争に勝利した場合の利権、当地に於ける商工業、鉱山資源の開発にまで言及していることで、戦争は多大な犠牲が伴うが、戦勝の暁に得るものも多く、得たものは国家、国民のために有効に活用するのが実業に関わる者の務めであることが、既に喜八郎の頭にあったことである。喜八郎は満蒙の地に製材業、鉱業、農業その他ジャンルを問わず莫大な資金を投じたのは、一途に国家、国民のためを思ってのことであったが、断るまでもなく、第二次世界大戦の敗戦で、すべての投資が無に帰した。

余談だが、日露両国が宣戦布告する二月十日に先立つ二月八日の「仁川沖の奇襲」を報じたのは日本のマスコミではなく、アメリカのニュース週刊誌「コリアース」の特派員で、この時点で日本の報道陣は軍への帯同を認められていなかった。同誌によると「すべての面で完璧な準備をした機動力に富む軍隊を持つ日本」と「ほとんど準備もせず鈍重な軍隊を持つ愚かなロシア」が敵対したのであった。一例をあげれば、日本は前年十二月二十八日に艦隊は戦時に備えて、第一、第二、第三の三艦隊に編成、第一、第二艦隊は連合艦隊として行動することになっていた。勝敗は戦う前に決まっていたというのである。

朝鮮と満洲に軍用製材所を開設

大倉組を代表して第一軍に従軍した式村は朝鮮半島を北上中に、工兵部長児玉徳太郎少将から、鴨緑江流域に軍用製材所の開設を要請されると、すぐさま喜八郎に報告。喜八郎は直ちにインド向けの茶箱の製造に当たっていた沼津製材所の一部の施設を解体し、神戸港から技術員、職工らと共に送り、韓国の竜岩浦（平安北道）に第一大倉組製材所を設置し、軍用鉄道に使用する枕木などの製材にあたった。同年五月一日、第一軍が鴨緑江を渡って満洲に侵攻、安東（現在の中国遼寧省丹東）を占領すると、喜八郎は安東に第二大倉組製材所を設置。敗走するロシア軍を追撃するための軍用鉄道（狭軌、後の安奉線）用の枕木、橋梁用木材、陣地構築に使うなど木材の需要は無限にあった。

しかし戦争が終結すると木材の需要は激減し、一時は休業を余儀なくされたが、一九〇九年（明治四十二年）に狭軌の軍用鉄道を広軌に改築する安奉線改築工事が始まり息を吹き返したが、原木の供給を日中合弁の鴨緑江採木公司に依存している限り、企業としての限界が見えていた。

喜八郎は一九一五年（大正四年）に大倉組製材所と採木公司との対等出資による日中合弁鴨緑江製材無限公司を誕生させた。資本金の五〇万円は喜八郎と採木公司が半額ずつ出資。理事長は中国側から銭鏮《せんこう》、日本側から村田重治が就任。式村が業務担当、後に専務理事、喜八郎娘婿の大倉粂馬が相談役に就いた。社業は順調に発展、吉林、奉天、京城に支店、長春に出張所を開設し、満洲の木材需要に応えるだけでなく日本にも供給するなど、東洋屈指の企業に成長した。

喜八郎と製茶業

話は前後するが、先のインド向けの茶箱の件である。イギリスは東インド会社を通して植民地のインドから特産の茶類を大量に輸入していた。大倉組がインドへ茶箱を輸出することを思いついたのは横山孫一郎から得た情報が大きく、喜八郎は茶箱の用材の伐採地として静岡県下賀茂、田方両郡にまたがる天城山林を選んだ。一帯は皇室の御料林で、総面積一万五〇〇〇町歩、全山鬱蒼として巨木茂る千古の美林で、山林伐採払い下げを出願し許可を得た喜八郎は、沼津に製材所を、東京・深川に製造所を開設、ボンベイ、カルカッタに輸出、これが大当たりで年間の輸出は五〇万個に達した。茶箱事業はこの後三〇年も続いた。

喜八郎と茶業との関りは古く、一八八四年（明治十七年）に中央茶業本部が設立されると喜八郎は幹事長に就任。幹事長としての喜八郎の初仕事が、日本茶の品質問題でアメリカが日本茶の輸入禁止令を出したことに対処するために横山孫一郎と共に緊急渡米。アメリカを重要な市場としていた日本の製茶業界にとって死活問題であった。喜八郎は大金をはたいてニューヨークの有名な酒楼を借り切って茶業者、新聞記者、商業会議所の有力者を招待。日本茶粗悪説は清国業者の悪宣伝であると力説、日本茶の信用回復に努めた。喜八郎はその足で帰国したが、同行した横山は欧州諸国を歴訪、帰途インドに寄り、インドの茶業の近況を報告している。横山は喜八郎に使われる身ながら、良きアドバイザーでもあり、喜八郎も横山の価値を十分に認めていた。喜八郎が鉄砲商に転業する頃、横山は、すでに横浜では名の通った通弁で、高島嘉右衛門が横山を「雇いたい」というと「一年で一〇〇〇両、それだけくれるなら」と答えた。この時、横山はまだ二〇歳前、横山も相当な剛の者であった。

伊藤博文と喜八郎

一九〇四年（明治三十七年）、日露開戦の年の暮、喜八郎は京城に滞在していた伊藤を訪ねた。伊藤は喜八郎に旅順に行くことを勧めた。理由は分からないが、戦争そのものを見せたかったのではと推測される。戊辰戦争に始まり台湾出兵、西南戦争、日清戦争と数多くの戦争に関わってきたが、喜八郎の任務は後方の兵站業務で戦争の現場そのものは体験していない。難攻不落の旅順要塞が五万九〇〇〇人余の戦死傷者を出して陥落したのは、明けた〇五年一月二日で、喜八郎が旅順に着いたのは、まさにその日であった。砲弾の雨が降った東鶏冠山、二〇三高地は一片の木々もないはげ山と化し、旅順市街地はいたるところ瓦礫と化していた。凄惨な戦争の実態をわが目で見た喜八郎は後日こう語っている。

「旅順その他で名誉の戦死者の遺跡を見ると、自分は満洲を経済的に経営するのが死者に対する第一の供養であろうと思った」

これだけの犠牲を払って勝ち取った満洲（厳密には南満洲の一部）を国家国民にとって有意義なものにしないと犠牲者が報われないとの思いを強くしたのであろう。喜八郎が企業家生命を懸けて満洲に取り組む決意をしたのは、この時と思われる。後年、喜八郎は伊藤についてこう語っている。「働けるだけ働け、しかして公益を図れ、公爵（伊藤）が、私に訓告された言葉である」

一八七八年（明治十一年）に大久保利通が暗殺されると、世の形勢は長州に傾く。八五年に内閣制度が確立され、初代総理大臣に伊藤が就任、以降、山県有朋、桂太郎ら長州人が相次いで総理、さらに天皇の最高諮問機関である枢密院議長に伊藤、山県が就任。喜八郎は山県、桂、井上馨らとも親交があったが、最も親しかったのは伊藤で、初の出会いは既述のように一八七二年の岩倉視察団に遡る。

一九〇七年（明治四十年）、喜八郎の長男喜七、後に大倉財閥を継承する喜七郎と旧新発田藩主溝口直正の次女久美子との結婚の仲人を務めたのは伊藤夫妻だ。初代にして四度の内閣総理大臣、初代にして四度の枢密院議長、初代韓国総監を務め、常にトップリーダーであり続けた伊藤が息子の媒酌人なのである。

伊藤暗殺と厳島夜話

一九〇九年（明治四十二年）に韓国統監を辞して、三度目の枢密院議長に就任、国政の第一線から退いて身軽となった伊藤は大倉別荘に泊まり、そこから韓国併合、及び極東問題について、ロシアと話し合うために神戸を発ち満洲に向かった。ハルビンでロシアの蔵相ココフツォフと会う手筈になっていたが、十月二十六日、伊藤はハルビンの駅頭で日本の韓国支配に反対の朝鮮民族主義者安重根によって暗殺される。

日露戦争後のロシアとの関係の悪化、加えて韓国への支配を強める日本に神経を尖らせていたロシアとの関係正常化のために、ロシア政府の中枢と会うよう伊藤に働きかけたのは後藤新平で、ココフツォフとの会談をセッティングしたのも後藤とされている。その二年前の〇七年、後藤は厳島神社参拝を口実に伊藤を誘い、老舗旅館「岩惣」に同宿、三日三晩にわたって話し合ったことが、「厳島夜話」として伝えられているが、何を語り合ったかは未だに不明だが、日本、中国にロシアを加えた大アジア主義を持論とする後藤が日露提携の急務を説いたものと推測されている。正規の外交ルートを通すともみ消さることが確実なことから、後藤は自分の思いを首脳の中では親露派の伊藤に託したのであろう。

後年、後藤はこう回想している。

「私が今でも故翁（喜八郎）に対して感謝をもっている一つは、往年私が伊藤侯爵と他人を避けて談論したいような時、毎度向島の別荘に厄介をかけたことである」

「毎度」というのだから複数回、「他人を避けて」というのだから、当然、喜八郎は同席していない。

関東大震災の直前に後藤は山本権兵衛内閣の内務大臣に就任。内閣の最大の課題はいうまでもなく東京の復興で、後藤はそのための復興省の設立を計画したが失敗に終わると復興院を実現させ、総裁に就任。震災発生の七日後に総額四〇億円という復興計画を発表して世間を驚かせた。あまりにも巨額であったことと、東京は既得権を持つ有力者との結び付きが強く、地方に基盤を持つ政友会の反対で五億七〇〇〇万円に削減されたが、喜八郎は復興資金として一〇〇万円を寄付した。これは岩崎小弥太、三井八郎右衛門高棟《たかみや》の五〇〇万円、安田善次郎の三〇〇万円に次ぐ額で、現在の数十億円に相当する。三菱も三井、安田、そして大倉も東京に膨大な既得権益を持っており、一日も早い復興を望み、そのための資金投入の一面はあったにせよ、後藤の復興計画を支援したのである。

話は脇にそれたが、喜八郎と後藤の仲は悪くはなかったが、伊藤と後藤との仲は、実はそうでもなかった。後藤が満鉄総裁に就任した時、何の挨拶もなかったことを伊藤は快く思っていなかった。この時、伊藤は満洲だけでなく、朝鮮の鉄道についても後藤と相談するつもりだった。

憶測を挟むべきではないかもしれないが、喜八郎は伊藤と後藤との間に、厳島夜話の中身を含め、ある合意があったことを知っていたのではないか。そこから展望できるアジアは、喜八郎にとって好ましいものであった。

一九〇六年（明治三十九年）五月、元老、首相、軍首脳が会して満洲問題を討議する席で軍政から民政への移行を主張し、軍政撤廃の流れを作ったのは伊藤であった。満鉄総裁として満洲に赴任した後藤は「旅順は海軍が、大連は陸軍が主要建物、土地を占領していて満鉄の割り込む隙はなかった」と嘆いたほど、満洲は軍一色に塗りつぶされていた。後藤にとって軍という重しを取り除いてくれた伊藤は、それだけでも有難い存在であった。それだけに伊藤を失ったことは後藤にとっても喜八郎にとっても痛手であった。

十一月四日、伊藤の葬儀が国葬として営まれた。喜八郎は十二月十四日、伊藤の五〇日祭の墓前に額づいて「国の為たのみし君ははかなくて、おもい出ばかりおおもりの里」と詠んだ。

大倉山公園

また脇にそれるが、現在、神戸市生田区にある大倉山公園についてである。海外に行く折、神戸から出航することが多かった喜八郎は一八九七年頃、安養寺山一帯の土地を手に入れ別荘を建て、安養山別荘と名付けた。湊川神社の後方にある松に囲まれた丘陵で、眼下に海が開け、晴天の日には淡路島が遠望できる景勝地だ。伊藤もまた、海外に神戸港から出航する際、安養山別荘をよく利用した。一九〇四年（明治三十七年）に満洲・朝鮮視察に神戸港から玄海丸で出発した折に、伊藤が喜八郎に宛てた手紙がある。

貴翰落手　大暑難凌候処愈々御安全敬賀仕候
神戸御別業へ一昨日より昨日まで御厄介に相成候処
昼夜涼風吹不断　神戸第一の眺望且避暑地に有之　昨日松方伯も来訪、実に極楽也とて頻りに賞賛のことに候、本日愈々玄海丸に乗込、長崎を経て朝鮮に渡航、順々北進、九月上旬には北京に達可申上存候、御家族一同に宣布御鶴声願上候。不取敢拝答己、早々頓首。
八月十六日　　博文
大倉喜八郎殿

松方伯とは松方正義のことで、一八八一年（明治十四年）の大蔵卿就任以来、一九〇〇年（明治三十三年）まで蔵相に七度就任。この間に首相も務めた。不換紙幣の整備、デフレ政策などを行なった。また日本銀行の創立、金本位制度の確立など財政の近代化に大きな功績を残した。

喜八郎は伊藤暗殺の翌年、満洲に行きハルビンの遭難の地を訪れ伊藤の死を弔った帰途、神戸に立ち寄ったところ、神戸市が一八六八年（明治元年）に兵庫県令に就任した伊藤の功績を称え銅像を建てる計画があり、場所は諏訪山に決まっていることを知る。喜八郎は諏訪山より安養寺山の方がはるかに便利だし、伊藤との縁の土地であることから、安養寺山別荘の寄付を神戸市に申し出た。寄付したのは土地約七〇〇〇坪、家屋一三、棟建坪一八七坪、什器、一切の施設。喜八郎の申し出を受諾した神戸市は、名称を大倉山公園とし、その由来を記した高さ三メートル、幅一・五メートルの碑を公園入口に建立。題字は有栖川宮威仁親王、撰文は東宮侍講三島毅、揮毫は日下部鳴鶴《くさかべめいかく》（一八三八～一九二二）。碑の裏面には喜八郎の自作の和歌が刻まれた。

此里と共にさかえよ なれ来つる 松のあるしは けふかはるとも　鶴彦

余談ついでに、ハルビンのグランドホテルに泊まった喜八郎はそのパンの美味しさに驚き、三日間にわたって各種パンを試食し、そのパンを作った職人アルメニア人イワン・サゴヤンを帝国ホテルに迎え入れた。イワンは一三歳の時からパンの道に入り、一九歳の時にパン職人の最高の名誉とされる陛下御用の宮廷パン職の試験に合格したが、アルメニア人であることから採用されなかった。当時、日本ではパンは広く普及しておらず、ベーカリーの技術も設備も極めて幼稚であったが、イワンは苦心してロシア式の窯を築いたことが、定評を得ている今日の「帝国ホテルのおいしいパン」の礎となった。

第六章　満洲と喜八郎

占領下の安東（中国遼寧省丹東）

一九〇四年（明治三十七年）五月一日、日本軍は朝鮮と中国との国境河川の鴨緑江の渡河作戦に成功して中国領土の安東を占領、軍政を敷いた。日本軍が安東を占領するのは一〇年前の日清戦争に次いで二度目で、この時は民政とし、民政長官には一等領事官として北京に在住していた小村寿太郎が起用された（任期は数ヵ月と短かった）。ポーツマスの日露講和会議で首席を務めた小村である。

鴨緑江の河口にあって鴨緑江木材の集荷地として古くから栄えた安東には中国人二万人が居住。もとより日本人はゼロ。日本軍は中国の民家を借り上げ軍政署、憲兵本部、陸軍病院、兵站本部を開設。安東を兵站基地であるばかりでなく、将来を見越して橋頭堡としたい参謀本部は一般日本人の居住を促すため自由渡航とした。「人は城なり」である。十月には戦時景気にあやかりたい一旗組でその数は一三〇〇人に達した。彼らは民家の軒先や作業小屋を借りるなどして雨露を凌いだが、それも限界に達したことから軍政署は希望者には木材を支給し家を建てさせた、ただし自力である。間口一間奥行き二間、天井壁は葦と高粱とで編んだ、文字通りのバラックで、夏は風通しが良くて快適だが、冬の夜間気温は零下二〇度で食べ物は凍り付き、人は冷凍寸前であった。急造の日本人町で大和村と名付けられた。兵站本部に一室が与えられ、式村は特別待遇である。

ベゾブラゾフの遺留品を巡って日中紛争

初代軍政委員には松浦寛威《かんい》陸軍少佐（陸士、旧一〇期）が就任したが、数ヵ月で大原武慶大尉（旧八期）に交代。軍政署が直面した最初の難題は日露戦争の導火線ともなったロシア軍将校ベゾブラゾフ率いるロシア極東木材会社が伐採したまま係留していた木材で、その数は三〇～四〇万本に及び、鴨緑江の水面を埋め尽くすほどの量であった。しかしロシアが伐採したものと、中国の木植公司によるものとの判別が困難なことから、日本はすべてを戦利品とみなして押収。これに異議を唱える東辺道台袁大化が中国政府に直訴したことから、事は政治問題となった。しかも同じ水路を使う朝鮮の木材も混在していることから、短期間での解決は難しいと判断した日本は、同年九月、外務省坂田重次郎参事官を安東に派遣、戦地陸軍建築部長石井三等主計、大原軍政委員と協議。情勢次第ということで差配は現地の判断に任することとした。

同年十一月、陸軍工兵小島好間大佐を廠長とする軍用木材廠が開設されたが、中国側が所有を主張する木材を安価で買い叩いた上に木材税を徴収したことに中国業者が猛反発、発砲するなど実力行使に出た。さらに安東の上流の輯安《しゅうあん》（吉林省）で下流する木材を止めた。これも脅威で、故意にせよ何にせよ一斉に繋索が断たれると大量の木材が下流し、暴走する木材で安東の市街地は壊滅的な打撃を受ける。当時の鴨緑江は護岸施設は何もない自然のままの川なのである。

六月四日、奉天総領事萩原守一総領事が林外務大臣に、次のような電報を発信している。

「鴨緑江木材ハ御承知ノ我軍事行動アル為メ上流ノ清国人ハ木材ハ流下セス遂ニ我軍当局ハ兵ヲ上流ニ派シテ木材抗シ木材ヲ奪ヒ返シタル椿事アリ」

一九〇六年九月、軍政が撤廃されると軍用木材廠は木材廠に改まり、一九〇八年に日清協約に基づいて木材廠は廃止、鴨緑江採木公司が設立。

日本軍と同行して安東に乗り込んだ式村は、当然、この渦中にあったわけだが、一連の騒動について、大倉側の記録には一切残っていない。ちなみにロシア極東木材会社は竜岩浦にあって、大倉が竜岩浦に設営した製材所は、ロシア軍が撤退する際に爆破し、片々すら残っていなかったが、その跡地であった。

本渓湖に有望鉱脈発見

式村は安東を拠点に喜八郎の命にしたがって安奉線沿線の資源調査を行ない、本渓湖に石炭を含む有望な鉱脈があるのを発見。本渓湖は中国の乾隆盛年間（一七三六〜九五）には石炭の採掘が行なわれていたが採算が取れないことから、近年は近隣住民が燃料として採取するにとどまっていた。

報告を受けた喜八郎は一九〇五年十一月三十日、式村茂の名で、当時は遼陽（中国遼寧省）にあった関東総督府に鉱区略図を添えて本渓湖石炭の採掘願いを届け出た。ポーツマス講和条約締結以前のことである。軍用を優先すること、採掘権の移譲は禁止、採掘量の一〇分の一の金額を官納することなどの条件で採掘権は承認されたが、この案件は中国側から返還要求があれば返還せざるを得ない性質のものであった。

認可が下りると、喜八郎はただちに日本から人、機械類を送り込み、工場、事務所、宿舎などを建設し、昼夜を問わず採掘を続けた。外務省の認識は中国が安奉線敷設権を認めた以上、本渓湖は日本に帰属するものとしたが、あては外れて中国から返還要求があった。日露戦争でロシアの敗北が濃厚になると、水面下でロシアに強奪されていた利権の回収に動いていた中国が、日本に新たな利権を認めるはずもなかった。

トロッコと念仏峠

交渉難航が必至と見た喜八郎は思い切った手に出た。中国に合弁による共同開発を申し入れたのである。一九〇七年（明治四十年）六月、喜八郎は合弁交渉のために渡満。日露戦争の最中、伊藤に促されて以来、二度目の満洲である。同行した式村はその時の事をこう記している。

「安東から本渓湖に達するには軽便鉄道で二日を要した。水甕を以て風呂に代用し、魚は太子河にダイナマイトを投じて漸く食前に供し得た」

軽便鉄道は北進する日本軍の兵站鉄道として、文字通りあり合わせの資材で急造された軌道が二フィート六インチのオモチャのような鉄道というよりトロッコで、急こう配では乗客は降りて押したり、急カーブではしばしば脱線し、皆が念仏を唱えることから念仏峠という名の名所があったり、実際に工事関係に死者が出ていた。長白山山系の西端に当たる当地は

1915年に本渓湖煤鉄公司が設立され、第1高炉の火入れ式に訪れた喜八郎（上）。「金は残さない。私は事業を残す」と言っていたように、本渓市は今日も製鉄の町として続いている（下）

名にし負う山岳地帯でトンネルを掘るにも掘削機がなく、やむなく木製の鉄橋で山と山、線路と線路を繋ぐありさまであった。

本渓湖には宿泊施設はなく、喜八郎は中国人民家の一室に寝泊まりした。東三省総督徐世昌、奉天鉱政局と交渉を進めた。交渉過程の仔細は省くが、後の一九一〇年五月二十二日、合弁契約が成立し商弁本渓湖煤鑛有限公司が誕生。資本金二〇〇万元は大倉と奉天省政府とが折半出資(一元は日本のほぼ一円)。

かくして日本と中国との民間としては初の合弁会社が誕生。さらに翌年、東三省総督趙爾巽と協議を重ね、採炭権に加えて製鉄事業の合弁契約を締結。社名も本渓湖煤鉄有限公司に改称、資本金は四〇〇万元に増資。一四年には第二高炉建設の方針が決まり、四〇〇万元から七〇〇元に増資。

北京へ乗り込む

一九一五年一月二日、喜八郎は満洲に行く。本渓湖煤鉄公司の第一高炉火入れ式への参列のためと、鴨緑江の支流、太子河上流の鳳凰山に新たに有望な鉄鉱脈が発見された件で、奉天省政府と話し合うためだが、話し合いは首尾よくとはいかず、喜八郎はその足で北京に行き、大総統袁世凱と面談したが、満洲開発の功績によって二等嘉禾章を贈られたが鉄鉱脈については思うような結果は得られなかった。

一九一七年十一月四日から十二月十八日にかけて、喜八郎は本渓湖煤鉄公司の第二高炉の火入れ式に参列するために満洲に行ったが、工事の都合で延期になったことから北京に向かった。北京到着の翌日、国務総理の段祺瑞と会食して鳳凰山鉄鉱問題で折衝するつもりであったが、段が前日に総理を辞任していたため、大総統馮国璋に拝謁。一等大綬比嘉禾章を授与されたが、問題の話し合いは首尾よくとはいかなかった。

一九一九年十月十四日、喜八郎は日本を発ち満洲、北京、南京、上海を旅し十二月十一日に帰国。満洲では張作霖と面談、本渓湖煤鉄公司、蒙古杜爾伯特《とるはと》旗での農牧事業、東蒙古における利権などについて語り合った。張作霖と共に蒙古に三万町歩の牧場を開設、あるいは張作霖との合弁で鄭家屯に資本金六〇〇万円の大牧場の計画のあることなどが報道された。

北京滞在中、喜八郎は大総統徐世昌と会見し「大倉男爵は吾老友也」と前書した三幅の揮毫を贈られる。また大倉組北京支店設置披露の遊園会を催す一方で、中国の学者大家による歓迎会に招かれ、夜は中国の五大銀行の中国、交通、塩業、金成、新華が合同で開いた宴会に駐中行使の林権助と共に招かれた。場所は清朝末期の著名な政治家那桐（一八九四〜一九六一）の会堂。この時、喜八郎にとってというより日中文化交流史上記念すべき梅蘭芳との出会いがあるのだが、そのことは別の項目で触れる。

本渓湖煤鉄公司は一九二〇年の大型の反動不況のため第一、第二高炉に留まらず鉄鋼石炭選炭作業も一時的に休止せざるをえなかった。第一高炉は二三年に再開するが三二年まで第一高炉だけの片肺飛行となった。

災難続く、本渓湖煤鉄公司

本渓湖炭は製鉄に適している粘結性炭なこともあり、八幡製鉄、徳山練炭所、鉄道院など日本国内の官需、民需に貢献、発展が期待されたが、現実は多事多難であった。洪水、坑内出水、ガス爆発による事故、恒常的な労働力不足に加えて賃上げストに苦しんだ。

一九一一年（明治四十四年）、洪水で中国人労働者一〇人が死亡、一五年は坑内出水で中国人労働者二八人が死亡、一八年の坑内火災では日本人一六人、中国人労働者二一六人が死亡する大惨事、二九年は出水によって中国人労働者二八人が死亡。事故のたびに採炭作業が中断となり、事後処理と併せて経営を圧迫した。

低賃金に加えて賃金の支払いが不換紙幣で相場の変動が激しい奉天票であったことが、ストの大きな要因ともなった。一九二七年（昭和二年）八月二十三日に起きたストは六〇〇〇人の中国人労働者が蜂起。ツルハシ、こん棒などを手に、まず発電所を襲い全市が停電。さらに「日本人を殺せ」と叫びながら管理事務所、日本人社宅を襲った。日本側は軍隊、警察一〇〇人が出動鎮圧にあたったが中国側に五人の死者、重傷者一一人、検挙者二九九人が出る未曾有の惨事となった。ストの目的は賃上げ、労働環境の改善だが、合弁組織の根本的な欠陥が露呈したこと、すなわち二重役員制度にもとづく経営意志の不統一と分裂化、そして根っこには中国人社会に根強くある反日感情が事を複雑にした。

喜八郎は一九二四年（大正十三年）に家督を喜七郎に譲って第一線を退き、四年後の二八年に死去。喜八郎の死後、三二年に満洲国が誕生すると満洲の事業形態は大きく変わった。

本渓の神社山にあった喜八郎の遺髪碑。戦後もあったが文化大革命の時、破壊されて台座だけが残った。地元の人の話では「日本刀と白髪が出て来た」。同山には「安奉線改築工事における大倉組殉職者追悼碑」があったが跡形もなくなっていた

本渓湖煤鉄公司は大倉と満州国政府とが折半で出資、一〇〇〇万円に増資、満洲国法人の本渓湖煤鉄股份有限公司に改まり、総弁（社長）には大倉鉱業取締役の岩瀬徳蔵が就任。三九年に二度目の改組で、資本金は一億円に増資。内訳は大倉と満洲重工業開発が各四〇〇〇万円、満洲国政府が二〇〇〇万円。四四年、昭和製鋼所、東辺道開発と合併、社名は満洲製鉄と改まった。そして四五年、第二次世界大戦の敗戦で会社は消滅し、中国側企業として継承された。日露戦争以降、四〇年にわたって喜八郎が満洲に投じた資本と情熱がとりあえず無に帰した。ちなみに大倉が満洲で経営、資本面で関わった企業は三五社に及ぶ。本渓湖煤鉄公司、満洲ペイント、鴨緑江製紙、本渓湖坑木、共栄起業、満洲綿花、同和自動車工業、満洲塗装、大興公司、満洲電業、

大蒙公司、本渓湖洋灰、無限製材、満洲林業、本渓湖ドロマイト工業、奉天造兵所、満洲興業銀行、協和地産、満洲火災海上保険、奉天大倉ビルヂング、満洲石綿、東辺道開発、日清桟、本渓湖特殊鋼、磐石日清桟、新京化工、大倉事業、満洲大倉商事、満洲食品、奉天満洲ペイント、満洲大倉土木、満洲特殊器材工業、満洲火薬工業、大倉蒙古農場、渓城炭鑛（『満洲銀行会社年鑑』昭和一七年版による）。

第七章　大倉と土木

土木の始まり

モノづくりは自力に始まり、共同作業となり、その中から得意とする者が現れ専門化した。大工、石工等々である。モノづくりを職業とする者が、いつの時代に発生したか明らかではないが、奈良朝時代には、すでに寺工、瓦工の専門職が宮廷や寺社の建築工事を中心に存在していた。鎌倉、室町時代には大工、左官、製材工、石工、屋根工などの技術者が職業的に発達し、ギルド制が形成され、江戸時代になってから親方、徒弟制度による、いわゆる株仲間の手工業的生産方式が完成した。

建設の請負は一三世紀には、すでに行なわれていたが、労働だけの請負で規模も限られた。近世になって新田開発が活発になると請負は拡大してゆく。開発計画の立案、領主への開発申請、資金調達などを行なう中心的存在がいて、資金力のある者が開発を請負い、開発後は領主に新田冥加金を納め、新田の地主となって小作料を徴収する。請負の職業化であるともいえる。

江戸時代の開発事業としてよく知られているものに玉川上水がある。江戸の人口集中が加速すると水不足が深刻な問題となり、一六五三年（承応二年）、後に玉川姓を賜る庄右衛門、清右衛門兄弟が請け負って玉川上水の開鑿に着手。羽村（羽村市）から四谷大木戸（新宿区）までの約四三キロを約八ヵ月かけて掘り上げ、翌年の六月には江戸城を含む市中に給水が可能になった。しかし玉川兄弟には二度の挫折があり、完成は上水工事の総奉行・川越藩主松平信綱の家臣安松金右衛門によるとの説もある。失敗が資金的なものか技術的なものかは不明だが、いずれにせよ約四三キロ、高低差約九二メートル、一〇〇メートル掘るごとに約二一センチ下る工事を、前記のような短期間で成し遂げたことは江戸の測量技術の高さを物語る。

開国と開発

幕末、日本は欧米列強による開国の圧力により、開港地はにわかに開発事業で賑わうことになった。横浜の場合、開港予定日までの一年足らずの間に、今日関内と呼ばれる約一三万坪の地域に外国奉行所、武器庫、税関などの官公庁施設を建設し、東海道筋から道路を引き、土地の造成、港湾の整備、外国人居留地等々を建設。大半が海、もしくは湿地帯で、そのための運河が掘られ、道路が造られるなど、想像の域を超える大プロジェクトである。

ところで今日、周知されている土木建設会社の創立者の年齢は明治元年は何歳であったか。

年長順に上げると、
清水建設　清水喜助（二代目）　五三歳。
鹿島　鹿島岩吉　五〇歳。
大成建設　大倉喜八郎　三一歳。
藤田組　藤田伝三郎　二八歳。
飛島建設　飛島文次郎　一八歳。
西松建設　西松桂輔　一八歳。
戸田建設　戸田利兵衛　一六歳。
安藤建設　安藤庄太郎　一一歳。
間組　間猛馬　一〇歳。
銭高組　銭高善造　八歳。
大林組　大林芳五郎　四歳。
清水、鹿島の創業者を別にすれば、彼らは若かった。創業年は古い順に銭高一七〇五年、清水一八〇四年、鹿島一八四〇年、大成、安藤一八七三年、西松一八七四年、戸田一八八一年、飛島一八八三年、大林一八九二年。
清水建設を起こした初代清水喜助は彦根藩井伊家のお出入りの棟梁の一人で、大老井伊直弼が日米和親条約を締結したことから、二代目喜助はいち早く横浜に進出、日本人居留地に店を構え、神奈川奉行所などと幕府関連の施設建造に携わった。日本最初の洋式ホテルとされる築地ホテル館を施工したのも喜助。築地居留地と横浜とを往来する外国人のための宿泊施設が必要なことから、イギリス公使パークスの働きかけで、アメリカ人建築家ブリジェンスが設計と工事監督を引受け、その一ヵ月後に喜助に北町奉行所から施工の下命があった。工事を請けたのはブリジェンスだが、施工は喜助であった。起工が一八六七年（慶応三年）で、竣工が一八六八年（明治元年）。総工費三万両。敷地二万三一〇〇坪、建坪二七四一坪、本館別館を併せると客室一〇二、塔屋の高さは一八メートルの堂々たるものであった。しかし貿易港・横浜の繁栄に比べて東京は港を持たないこともあって築地居留地は伸び悩み、一八七二年（明治五年）廃業に至った。

新橋停車場

政府は日本の近代化に交通機関の整備が不可欠との判断から、外債一〇〇万ポンド、邦貨換算で四五三万円を募って、一八七〇年（明治三年）、汐留（新橋）・横浜間（現在の桜木町駅）二九キロの鉄道を敷設することとした。日本初の鉄道である。官も民もまったく経験のない建設工事で、設計、施工から列車の運行まで外国人技師の指導によった。新橋の駅舎は横浜在住の米人建築技師リチャード・ブリジェンスの設計による木造石張り二階建てで、工事は切投げ主義をとり、鳶人足、土工、大工、石工、屋根瓦屋、屋根土居葺き、木材、鉄物、鋳物などを工事個所ごとに細分したために、請負人の数は五〇人近くに及んだ。喜八郎は第一倉庫の大工、乗車場及び上屋の木材工事を請け、一八七〇年三月に起工、同年九月に完成

新橋停車場。喜八郎が初めて手掛けた土木工事

した。

　これが喜八郎が初めて手掛けた土木工事で、今日の大成建設の原点ともいえる。完成は一八七二年九月十二日、日本の国土を初めて鉄道が走った。歩けば一日かかったのが五三分に短縮された。開業は十月十四日で、初日は式典と明治天皇御座お召し列車のみで、実際の営業は翌日からで、運行は一日一往復。しかし関東大震災で開業時の駅舎は焼失。今日、鉄道歴史展示室に始発点の〇哩標識とレールの一部が保存されている。

　この頃、喜八郎は側近にこんなことを語っている。

「土木建築業は維新後の新興事業であるが、いまだその形態が整わず組織、経営が十分ではない。業界の秩序、統制もなく陋習情弊がはびこっている。しかし幸いに親分子分の関係が厳存し、仁義の美風も歴然たるものがある。これを基礎として大組織大資本を備えた合理的経営を試みれば、業界の面目一新し、ひいては本邦の土木建築業界に貢献すること大である」

喜八郎は、すでに大組織大資本による土木建築業の必要性とその誕生を予告していた。しかし喜八郎が理想とした大組織大資本による土木建築会社が誕生するには、まだまだ時を待たねばならなかった。

銀座煉瓦街

一八七二年（明治五年）二月二十六日、和田倉門内の旧会津藩の屋敷に発した火は紺屋町、数寄屋町、銀座、尾張町、新富町と広がって三〇〇〇戸弱が焼失する大火となった。「火事と喧嘩は江戸の華」という悪しき伝統を断ち切り、これを契機に文明開化の街とすべく「銀座煉瓦街計画」が起案された。同年三月二日に「道幅取広げ、家屋はすべて煉瓦石（といっても表通りだけだが）を以て早速建築取掛り候様」との太政官布告が発せられ、同月十三日から工事が始まった。

火災発生以前の銀座大通りの幅員は約一三メートルだったのが約二七メートルに拡張された。工事は一八七七年（明治十年）五月に完成。総工費四五万円の大規模工事であった。大倉は銀座復興の工事の一部、銀座一丁目辺りを請負った。喜八郎は完成する前に外遊の途についたが、帰国と前後して完成。工事は銀座一帯が砂地であったため完成後に沈下する場所があったが、大倉の施工した工事は、まったくそれがなく、工事の緻密度と優秀な技術が高く評価された。一九二三年（大正十二年）の関東大震災で銀座・煉瓦街は再び瓦礫と化したが、大通りの幅と交番の位置だけは今日も変わっていない。

仙台集治監

西南戦争の八ヵ月の全期間で官軍に降った薩摩側の将兵は一万人余に及び、長崎で裁判に付せられた二七〇〇人のうち三〇〇人が仙台に収監されることになった。しかし収監する適当な施設がなく、大久保利通は彼らを一般の犯罪者として扱うのは忍び難く、仙台市行人塚の古城址を敷地に特別な施設を造ることとし、ベルギーのルーバン刑務所の様式を採用、工事は大倉に下命。一八七八年に起工、工費一六万円、翌年八月に落成。欅を主材料とした三階建てを中心に二階建てが六方に伸びている。収監者を矯正して再び社会に送り出す学び舎という意味から六角大学の名がつけられたとされているが、内部の構造様式は力学的にも現在の洋風建物と同一で、明治初期の貴重な遺構であった。

鹿鳴館と土木用達組

一八七九年(明治十二年)、外務卿に就任した井上馨は不平等条約改正実現のため積極的な欧化政策をとり、その一環として外国貴賓の接待を目的とする施設を造ることにした。鹿鳴館である。工事を請けたのは土木用達組で、同組の正確な設立時期は不明だが、喜八郎と堀川利尚らとで出来た組織で、堀川がいかなる人物であったかは不明な部分が多いが、東京都公文書館所蔵の資料によると東京府の土木関係嘱託となっている。

建築場所は内山下町（現在の内幸町）の元薩摩藩装束屋敷。設計は英国人工学博士ジョサイヤ・コンドル。一八八一年（明治十四年）一月に起工、建坪四四一坪、イタリア・ルネッサンス式に、英国風を加味した煉瓦造り二階建てが、八三年に完成。総工費は一四万円。

しかし鹿鳴館が華やいだ時期は短かった。八七年に井上が失脚すると、その役割を終え、ただの社交場と化した。九四年の地震で被害を受けると華族会館となり、一九二七年（昭和二年）に日本徴兵保険会社が受け継ぎ、四〇年、老朽化を理由に取り壊され、現在は「鹿鳴館跡」の碑が、帝国ホテル南隣の大和生命ビル前に残るのみである。

東京湾浚渫工事

東京湾は水深が浅く、日本各地から運ばれてくる物資は小舟に積み替え大川端へつけなければならない不便さがあった。江戸時代も明治になってからも財政難のため、なかなか改良工事に着手出来なかったが、一八八二年（明治十五年）の大洪水で荒川が氾濫、大量の土砂が東京湾に押し流されたのを機に東京府は初年度予算として四万八〇〇〇円を計上、東京湾の浚渫《しゅんせつ》に乗り出した。大型船が航行できる澪筋《みおすじ》を造るのである。

工事は大倉が請負った。干潮時の水位を三・六メートルの深さまで浚渫、石川島辺りまで船が入れるようにし、掘り上げた土砂で佃島に続く海面を埋め立てるなど、土木工事としては前例のない難工事であった。一八八八年（明治二十一年）に着工、一八九一年に完工。請負金額は約四四万円。この時、埋め立てられたのが、現在の月島一丁目から四丁目で、工事関係者が用具や資材を手漕ぎ船に乗せて隅田川を渡ったのが、後の月島の渡しの始まりとなった。

皇居造営

一八六九年（明治二年）、明治天皇は京都を離れ東京へ転居、江戸城西の丸に入った。以後、天皇の居所を皇居と称するようになった。一八七三年（明治六年）五月、皇居が炎上し、明治天皇は赤坂離宮（木造、旧徳川茂承《もちつぐ》邸）に移り仮皇居とされたが、外国との交流が頻繁になり、外国の貴賓が訪れる機会が多くなると仮皇居では国威に関わるだけでなく、天皇にもご不自由をかけることから、政府は一八八二年（明治十五年）、西の丸に新宮殿を造営することとした。

第一部　奥宮殿
第二部　表宮殿
第三部　内庁舎
第四部　土木工事橋梁、装飾

工事は以上の四部から成り、大倉は第一部奥宮殿を請負った。当然のことながら皇居造営は、当時の建築技術の粋をこらした最高級の工事で、一八八四年（明治十七年）に始まり、一八八七年に総ての工事を終えた。大倉が担当した奥宮殿は皇太后御休憩所が八四年に着工、八七年に完工、表御座所は八五年に着工、八七年に完工、北御車寄せは八四年に着工、八五年に完工、御霊所及び二位局《にいのつぼね》詰所は八四年に着工、八六年に完工。請負金額は表御座所一万二〇八七円、皇太后御休憩所が二三一七円、北車寄せが一四六三円、御霊代及び二位局詰所が一五四七円。

帝国ホテル

一八八七年当時の東京には数軒の洋式ホテルがあったが、大きいホテルでも客室は二〇数室ほどで、欧米諸国との交流が頻繁になると、本格的な大規模ホテルの建造が急務となった。一八八七年（明治二十年）に政府は外務大臣井上馨の主唱で政府内に臨時建築局を開設し国会議事堂及び諸官庁庁舎を建設する準備を始めた。井上はドイツから建築技師エンデとピョクマンの二人を招聘し諸官庁庁舎の設計を託した。

帝国ホテル建設の発議があったのも、そんな折である。八月、井上は喜八郎、渋沢、浅野総一郎、益田孝、村井吉兵衛ら財界の重鎮を集め、東京に本格的な洋式ホテルを建設することを提案。十一月、有限責任会社東京ホテル会社（一八九〇年に帝国ホテルに改称）が設立され、発起人総会で喜八郎は渋沢と共に総代に推挙された。株式引受人は喜八郎、渋沢、益田、浅野、岩崎弥之助、西村虎四郎、川崎八右衛門、安田善次郎、川田小一郎、原六郎、横山孫一郎らの他宮内省。資本金は二〇万円で、八九年二六万円、開業した翌年の九一年に二六万五〇〇〇円に増資され、筆頭株主は宮内省の五万五〇〇〇円。喜八郎は一万六〇〇〇円を所有。敷地は外務省、宮内省等の官有地の麹町区内山下町（現在の千代田区内幸町）の四二〇〇坪。設計はドイツ人技師のメンツとチーゼが担当し、その設計に基づいて工事が進行したが、砂地の地盤に不具合が生じて工事は一旦、中止。改めて内務省建築局工事部長渡辺譲の設計でやり直した。工事はこの年の三月に大倉土木と大阪の藤田組との共同体として誕生した有限責任日本土木会社が請負った。

完成は一八九〇年（明治二十三年）。建物は木造煉瓦造りの三階建てで、建坪七四〇坪のルネッサンス式、平屋の付属家屋が別にあり、客室六〇、建物全体の延面積は一三〇〇坪の広大なものであった。理事長は理事の互選で渋沢が選任されたが、一九〇九年に渋沢が辞任、喜八郎が理事長（一九二三年に会長制に改編）に就任。二二年に火災が発生したことの責任を取って喜八郎が辞任した後は嫡会子喜七郎が引き継ぎ、第二次世界大戦後の財閥解体で大倉家から離れた。

喜八郎の胸像。帝国ホテルの内庭に渋沢栄一の胸像と並んである

喜八郎とライト

創立時の支配人は横山孫一郎であったが、先の理事長交代に合わせて林愛作が就任。喜八郎・愛作コンビによって初期帝

国ホテルは黄金時代を迎える。一方で宿泊客の増加で収容能力を高め設備の近代化が求められると、一九一六年（大正五年）に林の発意でアメリカ人建築技師フランク・ライトを招聘、帝国ホテル新館の設計施工を委嘱。一九一九年に、いわゆるライト館の建設工事が始まった。しかしライトは石材から調度品に使う木材の選定に至るまで、どこまでも完璧主義を求めたことから予算は大幅に増加。当初の予算一五〇万円が九〇〇万円に膨れ上がった。喜八郎は資金面の対策に苦慮する。喜八郎は資本金を一二〇万円から三〇〇万円に増資したが、同年十二月二十七日に別館から火災が発生、一九〇六年の竣工から暫時建増ししていたものまでが焼失。幸い宿泊客は全員無事であったが保険金を差し引いても多大な損失を被った。一九二〇年（大正九年）、第一次世界大戦後の日本を襲った未曾有の経済恐慌で増資が困難となったが、喜八郎は第一銀行と第三十四銀行から一五〇万円の融資をうけ急場を凌いだ。余談だが丁稚時代から付き合いのあった安田善次郎、原敬が暗殺されたのもこの年で、テロに加えて労働争議が各地で起こるなど日本は暗雲に覆われていた、そんな時代の出来事である。

さらに一九二二年には資本金を三〇〇万円から六〇〇万円に増資したが追いつかず、林は支配人を引責辞任に追い込まれ、ライトは完成を見ずに帰国。工事はライトの日本に於ける一番弟子の遠藤新が引き継ぎ、一九二三年七月、着工以来四年の歳月を経てライト館は完成。しかし九月一日の落成記念披露宴の準備たけなわの、まさにその時、関東大震災が発生。周辺の建物の多くは倒壊したり火災に見舞われたりしたが、帝国ホテルは微少な損害で済んだ。

このことを後日、遠藤からの手紙で知ったライトは狂喜したという。

帝国ホテルに見る喜八郎の執念

それにしても帝国ホテルに懸ける喜八郎の執念にはすさまじいものがあった。喜八郎は後年、ある講演で「堅志不撓」と題して語っている。「如何なる困難障碍が起こるも、一たび決定した大志は、百折不撓、千折不屈で遂行する根本要素は前にも述べた克己心であるが、更に重要な要素として、私は次の四点を挙げる。その四点とは『自信』『公明正大』『良心がやれと命じた方向に進む』『成功を急がぬこと』」

さらにこうも言う。「人間の運命はちょうど波のような具合に一高一低で進んで来るものであるから、一時沈んだからといって騒ぐに及ばず、浮き上がったからとて、また沈む時のあるのを覚悟しているべきである。幾度も浮沈流転する間に経験を積み、心胆を練り、人格を鍛えてようよう晩年に至りて、初めて動かざる成業の彼岸に達し得べきと覚悟して進むべきである」

人生が浮沈流転するのは、誰もが承知している。だが大勢の人を前に「堅志不撓」と公言するのは、喜八郎自身にとって目指すところでもあり挑戦でもあるからである。「進一層」(彼の造語)はこうした戦いの中から生まれた哲学だといえる。

大倉とホテル事業

本題から外れるようだが、大倉とホテルの関わりについてもう少し書き足したい。喜八郎のホテル好きは喜七郎に受け継がれた。一九五八年（昭和三十三年）、喜七郎は大成観光を設立してホテルオークラを設立（開業は六二年）。周知のように帝国ホテル、ホテルオータニと共に日本を代表するホテルとの評価を得ている。喜七郎は後年、「私の親父は喜八郎で名前が私より一つ多い。親父からは『お前はおれより一つ足りないんだぞ』とよく言われた。私自身は七と八では位が一つ上だと思っていました。親父は怒ると大きな声で馬鹿野郎呼ばわりするので、しかられる時はいつも大砲が素通りするように頭を下げていることにしていた」と述懐しているように、親父コンプレックスは相当なものであった。しかし喜八郎は褒める時は褒めており、「帝国ホテルを上回るホテルを造りたい」との思いを募らせ、実現した喜七郎を、オヤジ殿は冥途で「セガレ、でかした」と喜んでいるのではないか。

川奈ゴルフ場と川奈ホテル

喜七郎はイギリスのケンブリッジ大学に留学中にゴルフ場、乗馬、テニスコートなどの施設を備えたスコットランドにあるリゾートホテルに滞在した折、日本にもこういう施設が必要と痛感。帰国後もそのことが頭を離れなかった。

喜七郎の夢は実現する。川奈ゴルフ場（静岡県伊東市）である。当時のことを大倉土木会長の門野重九郎が回顧録『平々凡々九十年』に書いている。要約すると、喜七郎は伊豆・天城山で輸出向けの茶箱に適する樹木を切り出している山林技師に、景色が良く、相当に広い不毛の土地があったら知らせてほしいと頼んだ。しばらくして朗報が届いた。富士山と大島を前と後に控えた高台の景勝地で、しかも六〇万坪の広さがあり、植樹もできず、畑にもならない酸性火山灰地とまさにゴルフ場に最適の土地が六〇万円足らずで入手できた。それが現在の川奈ゴルフ場で、設計に当たったのは大倉土木の技師熊谷直で、喜七郎は熊谷と共にしばしば現場を視察するなどの熱の入れようであった。

現在はホテルが主でゴルフ場が従となっているが、もともとはゴルフ場が主でホテルが従だった。ゴルフ場の着工は一九二八年、宿泊施設としてのホテルは一九三五年に着工、竣工は翌年。施工は大倉土木。請負金額は四二万円。最初の川奈ホテルは鉄筋コンクリート造り地上三階、地下一階、木造平屋付き、総坪数約二〇〇〇坪。

ゴルフ場は名門コースとしてあまりにも有名だが、大島コースと富士コースがあり、富士コースは一九九八年、当時の橋本龍太郎首相とロシア連邦大統領エリツィンとの首脳会談、いわゆる川奈会談が行なわれた。またフジサンケイクラシックが開催されるチャンピオンコースとしても知られている。

上高地ホテル

一九三二年（昭和七年）の秋頃、喜七郎に長野県知事石垣倉治から、長野県が所有し、帝国ホテルが経営するホテル建設について相談があった。翌年、建設費の二五万円は大蔵省貯金部が長野県に融資し、設備費など五万円は帝国ホテルが負担することが決まり、五月下旬に着工、九月末に竣工。今日の上高地帝国ホテルである。海抜一五〇〇メートルの高地で冬季は休業。一九三四年に上高地を含む中部山岳国立公園に指定され、日本初の本格的山岳ホテルとしてその名を知られている。

第八章　有限責任日本土木会社

土建体質からの脱皮

一八八五年（明治十八年）十二月、太政官制が廃止され内閣制度が確立。伊藤博文が初代総理大臣に就任した翌年、井上馨を総裁とする内閣直属の臨時建設局が設置され、国家指導による大規模建設・造営計画が次々と企図されると、建設に関わる建築土木会社もそれに見合う規模の企業であること、資本、技術はもとより、旧来の土建体質を脱した近代企業であることが求められた。

一八八七年一月、臨時建設局に有限責任日本土木会社創立の請願書が提出された。実現すれば日本初の法人建設企業の誕生となる。創立委員長は渋沢栄一、委員副長は喜八郎、久原庄三郎、委員は藤田伝三郎、伊集院兼常、福島良助、手嶋鍈次郎、理事は桑原深造、藤田辰之助、木村静幽。

渋沢は後年、こう語っている。「久原房之助の御実父（著者註、久原庄三郎）や伊集院氏や、大倉さんなどが、土木の事業を起こされるというとき、大倉さんから『我々の仲間で、今度、土木会社を起こすことになったが、我々ばかりでは、みな得手勝手なことばかり言って困ることがあるから、貴下にも仲間に入ってもらいたい』と言うので、私も承諾して仲間に入った」

藤田伝三郎と組む

しかし出願に至るまでには、次のような経緯があった。一八八五年六月、大倉は関西の藤田組と共同で大阪天神橋の工事を請けた。大阪五大橋の一つで全長二三八メートルの当時としては日本最長の鉄橋だ。翌年三月には琵琶湖疏水、五月には三重紡績工場、十二月には佐世保軍港と立て続けに藤田組と共同で工事を請負う。政府の新たな方針にそった受け皿つくりなのは断るまでもない。

藤田組は関西の土建の最大手で、オーナーの藤田伝三郎（一八四一〜一九一二）は土建の他に鉱山、電鉄、電力開発、金融、紡績、新聞などの経営を手掛けた大阪財界の重鎮で、藤田財閥の創立者でもある。

長州藩・萩（山口県萩市）の酒屋の四男に生まれ、幕末の動乱期には高杉晋作に心酔し国事に奔走したが、維新後は木戸孝允、井上馨、山県有朋らとの親交を深め政商としての道を歩む。藤田には「藤田組贋札事件」「尾去沢銅山事件」など黒い噂がつきまとったが、一連の事件は西郷隆盛の死、大久保利通の暗殺と次々と有力者を失い、長州に押され気味の薩摩の陰謀との説もあり、後日、無実が証明されたが、非難の的となりながら藤田は一切抗弁しなかったことから事実として信じられていた時期もあった。

一九二七年頃に、実業界から政界に転じ「怪物」の異名をとった久原房之助（一八六九〜一九六五）は藤田の甥で、久原の事業は義兄鮎川義介（一八八〇〜一九六七）が引き継いだ。周知されていることではあるが、鮎川は日産自動車、日本鉱業（日本産業に改称）、日立製作所など多数の企業を傘下に収め日産コンツェルンを形成。一九三七年には日本産業を会社ごと満洲に移籍し、四二年、満洲に満洲重工業開発会社（資本金四億五〇〇〇万円）を設立して総裁に就任。東條英機、星野直樹、岸信介、松岡洋右とともに満洲の二キ三スケと称された。

藤田伝三郎

藤田は新聞、雑誌に書くことも、インタビューを受けることも拒んだ。写真を撮られるのが大嫌いで、会社にもめったに顔を出さず、財界の集まりも敬遠したが、自宅を訪れる人とは親しく懇談した。社交好きで、新聞、雑誌に積極的に意見を提供した喜八郎とは好対照だが、趣味の美術品蒐集は共通していた。藤田には「藤田美術館」があり、喜八郎には「大倉集古館」がある。

しかし大倉喜八郎、藤田伝三郎という個性派の二人を結びつけたのは、やはり時代の要請であった。

日本初の法人土建会社

喜八郎の目的は藤田組と組むことによって大組織大資本による土木建築会社を誕生させることにあった。

一八八七年（明治二十年）三月十七日、有限責任日本土木会社（以下日本土木）の設立が認可となった。資本金の二〇〇万円は全額創立委員が引き受けた。本店は東京京橋区鎗屋《やりや》町一番地（現在の大倉別館のあるところ）。工事は原則として東京方面は大倉組、大阪方面は藤田組が分担。時に共同で当たることもあった。

役員の顔ぶれは次の通り。

取締役社長　大倉喜八郎。
取締役　藤田伝三郎、渋沢栄一。
東京駐在会計役　伊集院兼常。
大阪支店長　久原庄三郎。
大阪支店駐在専務取締役　桑原深造。
大阪支店駐在会計役　木村静幽。
技術部長　山田寅吉。

経営の規律化

ただデカイ会社を作ったというだけではなく、建設請負業の近代化という課題を負った喜八郎は、その手始めに「工事心得書」なるものを作った。今日に残っている一部を紹介する。

〈現場掛員心得〉

「現場掛員は社長の命を受け工場に出勤し、主任者の指揮に従って工事に従事すべきは勿論なれども、各自注意の深浅は会社の信用に最も重大な関係を及ぼすものにして、工事落成の後に至り構造の不完全、材料の不良により建築物に種々の障害を起こし、ために委託者の不満足を招き、加えて度々手直しなどをして、期せざる失費を生じ、あるいは出納方の不注意より予算額を超過し、最初利益ある工事と思いしものを遂に損失に帰すこと、往々少なからず。これら種々の損害を生ずるは畢竟《ひっきょう》現場掛員の平生注意の足らざるに基づくものなれば、現場掛員は最もこれに注意せざるべからず」

さらに具体的な項目として「始業時刻よりかならず一五分前に出勤すること」「始業、終業、食事などの時刻は工事の繁閑、日の長短に従い、主任者の指揮により予め工場に提示すること」「買入物品持込みの際は品質の良否および員数などを調査して、逐一主任者に報告すること」「日々工程表に比較し落成期限を過ざるよう注意すべし」「工場にはかならず予算内訳明細書を備えておくこと」「工場に出入りする諸職工、または人夫にはかねてから会社の門鑑を渡しておき、門鑑を持たざる者は、みだりに出入を許すべからず」等々、細かな規律を設けた。ということはこれまで相当にいい加減であったということである。

また併せて「下請負約定」を作成、下請けをする系列業者に対しても工事終了後一定期間の無料修理義務、違約金、工事遅延に伴う損害賠償義務を課すなど厳しいものがあった。

失敗から学ぶ

喜八郎は失敗についてこう語っている。

「失敗について原因を講究してみると、およそ左の点に帰するようである。調査の疎漏もその一つである。即ち山林事業なり、土木事業なり、その他の事業などに私が時々失敗をするのは、全く調査が疎漏であったというより外ないのである。山林事業の如き、私が徒《いたずら》に学者や技師の言を一概に信じて、さらに一段の詳密なる調査をあえてしなかったからである。はたせるかな着手してみると、事実は学者や技師の言とは大いに相違しておるのである。土木事業も同じことで、天災地変は別として、普通なら調査さえ遺憾なく、また疎漏がなくて完全でさえあれば、いわゆる見込み違いということがないから、自然に儲かるわけである。もう一つの原因はその事業を経営するに適切なる人材を得なかったということである。私は不幸にして適材を得なかったために山林事業なり、その他の事業においても、ときどき失敗を招いたのである」と言う一方で、こうも言っている。「失敗は経験である。私は幾多の失敗によって多大の経験を得たのである。この経験によりて失敗に処し、また次いで着手すべき事業経営に処し、その結果はすこぶる良好なる成績を得たのである」

「失敗は成功の元」、「転ばぬ先の杖」。「工事心得書」は過去の失敗例から生まれたものといえる。

日本土木の功績

一八八六年（明治十九年）から景気が好転したことも日本土木に幸いした。日本土木が引受けた工事の大半は、今日、形はなく、記録にとどめられているにすぎないが、建築史上に残る著名工事は日本土木の手によるものが少なくなく、その数は一〇五件に及ぶ。主なものを挙げておく。

歌舞伎座

わが国最初の大劇場で、その壮麗さは満都の話題をさらった。木造三階建て、ルネッサンス風を加味した和洋折衷式の塗屋造り、屋根は入母屋破風造りで亜鉛鉄板葺《ふ》き、正面部分は桟瓦葺きであった。

しかし建物の規模と壮麗さもさることながら、当時の演劇界に投じた波紋は大きかった。そもそも歌舞伎座の誕生は東京日日新聞の主筆を退いた福地源一郎（桜痴）と実業家の千葉勝五郎の発意によるもので、いわば劇場経営に対する素人の初参入、挑戦であった。それ以前の演劇界は、長い伝統と芝居者と呼ばれる人たちが独占的に支配する世界で、いわば伝統の上に胡坐《あぐら》をかいていた演劇界に激震が走った。芝居者のリーダ格の守田勘弥は、その対抗策として新富座、市村座、菊村座、千歳座ら、当時の東京四大劇場に指令、連合戦線を結ばせ歌舞伎座への出演を拒否させるなど、争いはもつれにもつれたが、井上馨の仲裁で和解がなった。その結果として九代市川団十郎、五代尾上菊五郎、初代市川左団次など「団・菊・左」と称えられ名優らによる共演が盛んとなり、明治歌舞伎は全盛時代を迎える。喜八郎の「感涙会」に歌舞伎からの参加者が多いのも、こういう縁からである。一八八八年二月着工、八九年十一月完工。

日本赤十字社病院

わが国で病院として設計された最初の建造物。木造病棟が九棟、手術室が一棟。床は二重構造で、床の下にもう一つ床を作り、床の上に約二寸五分のコンクリートを打った、床の隙間から風が入らないための配慮であった。設計者は片山東熊《とうくま》。明治の建築技術の粋とされた赤坂離宮の設計者でもある。一八八八年着工。

工科大学本館

明治初期の本格的洋風建築を代表する建物。当時の洋風建築物のほとんどは外国人建築家の設計によるものであったが、本館は新進気鋭の建築家辰野金吾の設計によるもので、防火床と呼ばれ、耐火を目的とした床構造になっていた点でも、近代建築の先端を行くものであった。辰野は日本銀行本店、東京駅の設計者としても知られている。一九二三年の関東大震災で倒壊するまで東京帝国大学工学部本館として使用された。

三重紡績工場

三重紡績会社は一八八二年に渋沢栄一らが設立、わが国の紡績業界の先駆けとなった。大阪紡績、島田紡績、宮城紡績、長崎紡績、名古屋紡績、鐘ヶ淵紡績、東京モスリン、富士紡績、愛知織物、尼崎紡績ら、後の十大紡績の多くがこの時期に誕生している。

渋沢は『開国五十年史』にこう書いている。

「維新以来綿布の輸入頻りに増加し、殊に西南戦争後、紙幣膨張、物価高騰の影響を受け、輸入益々増加して外国貿易甚だしく均衡を失した故に、朝野共にその均衡を恢復することを急務と為し、就中《なかんずく》綿糸綿布の如きは日常の必需品にして、又輸入の大部分を占めるを以て、先ず此等物品の製造を起こすを最も急務と為せり、これ官民に論なく、重きを紡績事業に置きたる所存なり」

三重紡績工場は一万二一〇〇錘《すい》の紡績機を備えた模範的工場であった。工事は大倉土木が受けて、日本土木会社が引き継ぎ一八八七年に完成。三重紡績は後に藤田伝三郎らが設立した大阪紡績（喜八郎も株主）と合併して東洋紡績株式会社となる。現在の東洋紡株式会社である。

京都帝国博物館

一八八八年（明治二十一年）、内務省に臨時全国宝物取調局が設置され、日本各地の社寺等の文化財の調査が行なわれた。その結果、京都・奈良に特に文化財が集中していたことから、政府は京都と奈良に国立の博物館を設置することとした。

工事は日本土木会社が請けた。契約日から一〇〇〇日で竣工、下請けは一切不可、竣工後一八ヵ月の保証、宮内省内匠寮の工事監督などの厳しい条件が付いた。設計は片山東熊。煉瓦造りと石造りを交えた珍しい工事で、石材は沢田青石と伊予大島の花崗岩を用い、屋根は宮城県のものを使っている。工事は一八九二年に着工、九五年に竣工、開館は九七年。その後、京都帝室博物館、恩賜京都博物館と名称が変わり、今日の京都国立博物館となった。片山は迎賓館などを手掛けた明治を代表する建築家。

琵琶湖疎水

幕末の蛤御門の変、鳥羽伏見の戦いなどで京都の市街の多くが焼失、その上、東京遷都も重なって三〇〜三五万人の人口が約二三万人に減少。京都の復興対策として船運や産業・農業などの振興を目指す琵琶湖疎水計画が浮上。一八八一年に京都府知事に就任した北垣国道によって調査が開始。田辺朔郎《さくろう》、嶋田道生らによってトンネルや水路の掘削位置が決まり、一八八五年（明治十八年）に起工、一八九〇年に竣工。工事は協同事業として大倉土木と藤田組が請けたのを、日本土木会社が継承、完成させた。建設費は当時の京都府の年間予算のほぼ倍額に当たる一二五万円。財源は府予算、国費、京都全市民に課せられた目的税の他、天皇が京都を離れる際に京都市民に下賜された三九万円（一〇万円の元本に利息がついた）

で賄われた。

当時の日本における大規模工事は政府が雇い入れた外人技師の指導によっていたが、この工事はすべてわが国の技術によるものとして記念すべき工事であった。蹴上《けあげ》と南禅寺の間に設けられた、当時世界最長のインクラインは水運を活性化し、琵琶湖の水が山科、南禅寺周辺の農業用水として活用され、京都御所の防火用水、円山公園の噴水池などにも利用されるなど京都復興に貢献した。一八九〇年（明治二十三年）の完工式には天皇、皇后両陛下の御臨幸があった。琵琶湖疎水は今も健在で、半分が水道資源として、半分近くが発電用、残りが雑用水として利用されている。

東海道新線

東京と大阪を結ぶ鉄道計画は一八七〇年（明治三年）に立案された。当初は東海道経由と中山道経由の二案があった。内陸経済開発と軍事上の理由から一度は中山道に決まったが、碓氷峠の登り口の横川に差し掛かった時、時の鉄道局長井上勝の「その地形たる嶮峻崎嶇《けんしゅんきく》にして之を東海道の平夷《へいい》に比して不利なり」との判断で、一八八六年に東海道に変更になった。工事は天竜川を境に東西二つの工区に分け、日本土木会社は天竜川から西に向かって浜松、豊橋、岡崎を経て名古屋の大府までを請負った。政府はトンネルと橋梁は直営を原則としたが、矢作川の橋梁工事だけは優秀な技師を擁していた日本土木会社に特命発注。一八八九年一月に新橋駅から神戸駅までの六〇〇・二キロが開通したが、最初は少なくとも三、四年はかかると思われたのが二年八ヵ月で完成したのは参加業者がいい意味で競争したことによる。一八九五年に東海道線と命名された。

佐世保軍港

一八七二年（明治五年）に兵部省が陸軍省と海軍省に分割され、海軍は軍艦の建造と共に軍港の設営に乗り出した。海軍が佐世保に軍港を設営し鎮守府を開庁すると決めたのは一八八六年（明治十九年）で、当時の佐世保は一漁村に過ぎなかった。海軍は大手筋の建設業者に請負わせる方針で、東京では大倉組、大阪では藤田組から見積もりを出させ、そのいずれかに決める予定であったが、工事の規模が大きく、完成を急ぐこともあって、海軍は両組に共同で請負うように強く勧めた。大倉、藤田はこれを受け入れ、一八八六年（明治十九年）十二月から海面埋立て、護岸工事に着手。請負金額は約二五万円。このことが大倉組と藤田組の合併を促し日本土木会社設立の直接のきっかけとなった。

大阪天神橋

明治時代、大阪には「五大橋」と呼ばれる五つの大橋があった。天神橋、天満橋、沖津川橋、渡辺橋、肥後橋で、長さ二六八・九メートルの天神橋は大阪に限らず、日本一長い大鉄橋であった。大倉組、藤田組が協同で請け、日本土木会社が継承して完成させた。一八八五年（明治十八年）起工、一八八九年完工。

利根川運河

江戸時代に既に百万都市であった江戸へは銚子から利根川を遡り、関宿を経て江戸川の宝《ほう》珠花《しゅばな》を通り全国各地から多くの物資が運ばれた。しかし江戸末期になると関宿付近は利根川の河床上昇によって運航が困難になり開鑿《かいさく》が必要となった。

一八八一年（明治十四年）、茨城県会議員広瀬誠一郎は利根川運河の開鑿を建議したが採用されず、一八八七年に利根運河株式会社を設立し民間の事業として実施した。

設計と監督はオランダ人技師ローウェンホルスト・ムルデルが担当。ムルデルはオランダのライデン生まれで、政府のお雇い外国人技師として約一一年間、各地の河川改修や港湾の建設に当たった。最初は他の会社の手で起工されたが、途中から日本土木会社が引き継ぎ完成させた。動員された労働者は延べ二〇〇万人とも二二〇万人ともいわれ、一日平均三〇〇〇人が従事した。低い土地に豆腐のような柔らかく、水を含んだ「化土」と呼ばれる土があり工事は難航。六度も七度もやり直した。利根運河は総工費五七万円と二年の歳月を費やして一八九〇年（明治二十三年）に完成。航路は四〇キロも短縮され三日の行程が一日となった。その後、幾多の変遷を経て二〇〇〇年、「北千葉導水路」が出来たことで利根運河は導水路として使命を終え、現在は水と緑の大空間として市民の憩いの場となった。運河水辺公園内には「ムルデルの碑」がある。

第九章　戦争と企業

千住製絨所

一八七二年（明治五年）の洋行中にロンドン（パリという説もある）で喜八郎が大久保、木戸らに具申した毛織物製造の件だが、一八七八年（明治十一年）に日本初の羅紗織物工場、官営千住製絨所が設立されたことや、その後の経緯については折々に触れてきた。原料羊毛の納入業者に指名された喜八郎は、翌年、横山孫一郎をオーストリアに派遣した。手数料は諸経費を別にして原価の二パーセント。この時点では政府は民間に任せられるようになったら「お前に任せる」という約束を忘れてはいなかった。

一八八〇年（明治十三年）十二月、喜八郎は千住製絨所の払下げを政府に願い出た。頃合いと見たのだろう。土地、建物、機械などは無利息三〇年の年賦で、羊毛、染具、石鹸などは即金で四万円支払うなどの条件を提示したが沙汰はなく、翌年六月に再度願い出た。その結果、八二年二月に認可が下りたが、ほどなく取り消された。その年の暮に喜八郎は西郷従道に呼ばれ「大山さんに会え」と言われる。大山巌は陸軍卿、参議、参謀本部次長を歴任し、山県有朋と並ぶ陸軍の重鎮。

「千住製絨所は貴公に払い下げることに決定したが、よくよく考えて見ると、兵隊の洋服は政府の手で製造することにしたい。いざ戦争となった時、民間では不都合が生じると困る、その点を理解してくれないか。その代わり原料の羊毛の納入はこれまで通りで、一部製品の販売も認める。将来、民間に移す場合は、もとより貴公に頼む」

払い下げは再び棚上げとなったが、大山の言うことも一理あり、陸軍が軍服、軍用毛布は内々で調達したいのは分かるが、喜八郎にしてみれば国がやるより、効率よくやれる自信がある。将来の保証がほしい喜八郎は「後日のために一札証文を戴きたい」と食い下がったが、「吾輩が生き証人だ」と大山に言われると、さすがの喜八郎もそれ以上のことは言えなかった。

それから一五年の歳月が流れた一八九七年（明治三十年）三月、大倉が製品の販売を行なってきた千住製絨所製品販売所が閉鎖された。大山との約束が反故《ほご》にされたのだが、こんなことでは諦めない喜八郎は、一九一二年（大正元年）、三井物産を巻き込んで始めた千住製絨所の払い下げ運動に毛織物業界からも連動する動きが見られた。

翌年六月、首相に就任した山本権兵衛が実業家六一人を招致した晩餐会の席で、山本は行財政整理について話し、来賓代表の渋沢が「官業の整理と民間への移転について」といった主旨の演説を行なう。千住製絨所の名こそ挙げなかったが、明らかに喜八郎へのアシストであった。

ロシアからのビッグな贈り物

一九一四年（大正三年）七月二十八日、ヨーロッパで戦争が起こる、第一次世界大戦だ。戦いの構図はドイツ、オーストリア、イタリアの三国同盟対イギリス、フランス、ロシアの三国協商。しかし日露戦争で消耗した国力が回復しておらず、国内に革命の機運が潜在するロシアは苦しい戦いを強いられた。同年八月に東プロイセン（現ポーランド）に侵攻したロシア軍はダンネンベルグの戦いでドイツ軍に大敗する。

その秋、ロシアから日本に大量の軍用毛織物の注文が舞い込む。納期は翌年四月。契約はルーブルだが支払いはポンド。納入先はウラジオストク、またはモスクワと好条件。この予期せぬ事態に日本は千住製絨所を中心に量産体制に入ったが、同所の生産能力に限界があることから喜八郎らの出番となった。喜八郎は一八八七年（明治二十年）に安部孝助らと設立し、海軍、巡査、監守らの軍服、制服を製造していた東京毛糸紡績（資本金三〇万円）、日本毛織、後藤毛織らと共同で製造に当たりロシアの大量発注に応えた。

一九一七年（大正六年）、喜八郎の主導で東京製絨、東京毛織物、東洋毛織の三社が対等合併、資本金一一〇〇万円で新社・東京毛織（後の鐘淵紡績に繋がる）が設立され喜八郎は相談役に就任。千住製絨所の払い下げは叶わなかったが、民力による毛織物製造という長年の宿願を達成したのである。

ロシアからの大量発注で飛躍する皮革産業

ロシアからのオーダーは毛織物だけではなかった。兵器、軍靴、馬具、弾薬等の注文が相次いだ。同年の秋、ロシアの陸軍少将ゲルモニコースが来日、五〇万個の弾薬盒《ごう》（盒は蓋つきの容器）と帯革、三万五〇〇〇個の馬具を発注。さらに翌年には一〇〇万足余の軍靴と前回を上回る馬具の製造依頼があり、製革業界は時ならぬ軍需景気に沸きに沸いた。翌年九月末まで受けた受注総額は一七〇〇万円に達し、これまでの国内需要高四〇〇万円を四倍も上回ったのである。

長靴一〇〇万足余のうち四〇万足は大倉組が引受け、日本製靴が製造。陸軍被服廠の委託の四六万足は日本製靴、桜組ら六社が製造。弾薬盒及び革帯五〇万組は三井物産が請負い、虎の門、新橋にかけて仮工場を設立して製造に当たったが、三〇万組は一九〇七年に大倉皮革製造所、桜組、東京製皮、福島合名が合併して出来た日本皮革株式会社が請けた。馬具の三万五〇〇〇組は、すべて大倉が引受け、日本皮革が製造にあたった。

必要な資金関係は渋沢の仲介で東西の銀行が一致して協力、ロシアの他、フランス、イタリア、チェコスロバキアからの注文もこなし、日本の製靴、皮革業界は飛躍的な発展を遂げた。一九一三年（大正二年）は年間の革の生産は額にして五六八万円だったのが、一五年には一九六八万円、一六年には六八一〇万円と約一一倍に達した。

喜八郎と西村勝三

喜八郎は、やはり戦争男であった。しかし皮革の需要を見込んだのがたまたまというのは当たらない。喜八郎が横山孫一郎を羊毛の買い付けにオーストリアに派遣したのは、牛皮の確保という目的もあった。喜八郎は軍隊が洋式化すると軍靴に止まらず、各種の武具に革製品が使われ、いずれ需要は民間に広がると見込んでいたとしたら、間違いなく時代を先取りしていたといえる。

明治以前の日本には牛馬の肉を食することは忌み嫌う風習があった。牛は主として農耕、馬は農耕と騎馬のために生産、飼育され、武具などを除いて、皮を生活の具として使うのは装飾品、紐ら特殊な例を除いてなかった。東北、北海道など極寒の地を除けば動物の毛皮を日常、身に着ける習慣もなかった。また主として仏教思想にもとづく殺生禁止の風習によって皮革業が卑賤視されたため、皮革が産業として成り立ちにくい状況にあった。しかし人類誕生以来、人間が動物と共にあって、もとより日本もそうであったが、先に述べたような理由で皮の鞣《なめ》しの手法などは主として口伝によるもので、資料的なものは存在していない。

喜八郎が初期の皮革、製靴産業に関わっていたのは、あまり知られていないが、その前に取り上げなければならない人物がいる。西村勝三（一八三六～一九〇七）だ。西村は喜八郎と共に軍装備の洋式化にいち早く着目したもう一人の人物で、ある面では喜八郎よりも先駆的役割を果たした。先の日本製靴、日本皮革は喜八郎と西村とが主導して設立したもので、この二人が日本の製靴産業に果たした役割は計り知れぬほど大きい。

西村は下総（千葉県）佐倉藩藩士の家に生まれ、幼名三平、長じて勝三、通称伊勢勝。幕末に商業に転向し、鉄砲・弾薬を扱い巨利を得たが、その他、さまざまな事業に手を広げたが大半は失敗。喜八郎も西村も同じ時代に鉄砲を商いとしていた。当時、江戸には一〇〇に及ぶ鉄砲・火薬を扱う商人がいたといわれるが、二人の間に接点は見られない。

大村益次郎と西村

大村益次郎（一八二四〜六九）は兵制の改革者、招魂社（靖国神社の前身）の創立者として衆知されている。大村は木戸孝允と共に戊辰戦争で新政府軍に敵した者たちへの対処にあたった。西村は旧幕府軍に銃器を斡旋した罪で官軍に捕縛され大村の裁きを受けた。譜代大名の佐倉藩の家臣であったことから旧幕軍に加担したが、責任は自分にあり若い者は処罰しないでほしいと悪びれず釈明した西村の潔さに大村は寛大な処分を下した。

近代兵制の創始者とされる大村は日本の兵制は民兵が中心、すなわち国民皆兵の徴兵制とすべきであるとし、反対する大久保利通と対立していた。同時に大村は軍装備についても改めなければと考えていた。

大村は西村にこう語っていた。

「今や我国は全国皆兵の制をとり、完全なる欧式の訓練を施さんとす。然るに洋服といい、靴といい、悉く皆之を海外に仰ぐにおいては、国家の損失は極めて大なり。卿《けい》ら商工業に従事するもの、宜しく進んでその業を創め匡救《きょうきゅう》の道を講ずべし」

一八六九年（明治二年）七月に兵部大輔（陸軍大臣）に就任した大村は、西村を呼び、改めて意のあることを告げた。旧幕軍がフランスに注文した大量の革靴が未使用のまま横浜税関に眠っていることを知った西村は、全てを買い取って一足一両二分で上納、その利益は一万両を超えたとされている。しかし西洋人のサイズに合わせて作られた靴は日本人には大きすぎ多くが使いものにならなかった。責任を痛感した西村は「軍靴の自給自足を、ぜひ自分にやらせてほしい」と大村に願い出て、大村は全面的な支援を約束した。しかし同年九月四日、大村は京都・木屋町で反対派の刺客に襲われ、その傷がもとで死去。

大村という大きな後ろ盾を失った西村だが、翌年、東京築地入船町に「伊勢勝造靴場」を設立。「伊勢勝」の商号は西村が商売の手ほどきを受けた岡田平蔵の商号「伊勢平商店」から「伊勢」の二文字をもらい受けたもので、伊勢勝造靴場は日本での初の製靴工場となった。西村は外国人技術者を雇うなど積極的に事業を展開。手仕事だった釘打ちを機械化したのも西村が最初であった。やや遅れて藤田伝三郎が大阪に製靴と皮革工場を起こした。西南戦争によって軍靴の需要が急増、製靴業は軌道に乗るかと思われたが、戦争が終わると、日本人が革靴を履く習慣は定着していなかったことから需要は激減、事業は低迷。西村は佐倉藩からの出資で立て直しをはかり「伊勢勝」の社名を「桜組」に変更。佐倉、サクラにちなんでの桜組である。今日、製靴業界では西村が築地に工場を設けた三月十五日を「靴の記念日」としている。工場跡地の今の築地電報電話局の敷地内に「靴業発祥の地」の碑が建つ。

喜八郎が製靴業に参入したのは、西村に遅れること九年、一八七九年（明治十二年）に大阪の難波橋に工場を開設。一八八五年に旧和歌山藩の事業だった「和歌山商会所西洋沓《くつ》仕立並鞣革製作伝習所」の流れをくむ平松製靴製革所を買収。和歌山商会は陸奥宗光（一八八四～九七）がドイツ人技師を招いて出身地の和歌山市に皮革製造所を設立させたもので、西洋式皮革手法を取り入れた、日本での嚆矢とされている。

喜八郎は八七年に藤田と共同で、軍靴に限定せず、革製品を軍に収める内外用達会社を立ち上げ、皮革職人三〇〇人を擁する大阪の有力工場となる。当初は藤田が主導権を握っていたが、後に大倉が中心になると、喜八郎はその勢いで一部を東京の築地に移した。

日本製靴株式会社

話は後先になったが、日本製靴誕生の際、喜八郎と西村の仲立ちをしたのは渋沢栄一とされている。西村も東京商法会議所の創立時からの会員であった。

靴底に使う革の供給を、当初はアメリカとインドに頼っていたが、アメリカ産は良質だが高価、インド産は質は劣るが廉価。靴底革は靴の良し悪しに関わる重要なパーツで、輸入に頼っていたのでは、自立した産業とはなりえず、アメリカより安く、インドより良質な自国産の靴底革を一刻も早く自前で作るのは業界の一致した眼目であった。

日本製靴の発足は一九〇二年（明治三十五年）一月二十一日。資本金は二〇万円、一株の額面は一〇〇円で、総株数は二〇〇〇株。大倉と桜組が各三割、東京皮革と福島合名がそれぞれ二割を所有。本社所在地は東京市京橋区鎗屋町（現在の東京都中央区銀座）、大倉組商会内。役員は取締役大沢省三、高島小金治、南川政之助、賀田金三郎、監査役に大倉喜八郎、西村勝三。大沢は桜組の専務、高島は喜八郎の女婿、南川は福島合名の、賀田は東京皮革の代表。かつて台湾で駅伝社の件で喜八郎と袂を分かった、あの賀田だ。社長には大沢が就任、喜八郎、西村は一歩引いた形になっている。喜八郎が取締役会長に就任したのは一九〇七年（明治四十年）で、一九二四年（大正十三年）まで会長の職にあった。

日本皮革株式会社

一方、西村には日本製靴設立以前から、靴に限らず幅広い革製品の需要に応えるための皮革会社を作る構想があった。一九〇六年頃から西村は大倉組、東京製皮の大手三社との間と調整を進め、一九〇七年（明治四十年）十二月に合意を見るに至った。

日本皮革株式会社（現在のニッピの前身）の誕生である。資本金は五〇〇万円、三社が一〇〇万円を出資、一〇〇万円は縁故者、残りの一〇〇万円は一般公募。取締役会長に喜八郎、副会長に桜組副会長の大沢省三、東京製皮社長の賀田が専務、渋沢が相談役に就任。本店及び東京工場は東京府南足立郡千住町、大阪工場を大阪市南区船出町、製渋所を北海道胆振《いぶり》に設置。設立趣意書には「当会社ハ皮革ノ製造及コレ等ノ製造ニ要スル原料並ニ製品ノ売買及陸海軍ニ要スル革具及布具ヲ製造販売スルヲ目的トスル」とあるように軍御用達としての色合いの濃いものであった。

しかし生みの親ともいえる西村は会社誕生を見ることなく、同年一月に病死した。

喜八郎は合併の眼目を「皮革の大量仕入れによるコストダウン」、「軍の需要に応えることによって経営の安定化が望める」とした。喜八郎は米寿を迎えた一九二四年（大正十三年）に会長を辞任、伊藤琢磨（大倉粂馬の実弟）が後継会長に就任、一九三九年からは喜七郎が引き継いだ。

戦争と軍靴

軍靴というと編上げ靴と思うが、日清戦争当時は将校は長靴、兵卒は短靴であった。短靴は脱げやすく戦闘向きではない。敵陣を偵察して帰隊し報告をすませた斥候が、砲煙弾雨の中、何を思ったか前線に戻って無事に帰って来たが、手にボロボロの靴を下げていた。その靴は他の兵士が脱ぎ棄てたものだが、こんなボロ靴を日本兵が履いていると思われたくなくて取りに戻ったということであった。軍靴は絶対数が不足していたことから、東北など雪国で使う藁靴五六万足を調達し、厚手の布で即製の靴に仕立てたとも伝えられている。

軍靴が革靴で統一されたのは日露戦争になってからで、日清戦争時の兵員の総数は七万人だったが、日露戦争が勃発すると戦時編成で九九万人にふくれあがった。

こんな数字がある。

短靴	一〇四万二六六五組
工兵靴	四万三八二五組
半長靴	一四万六三四九組

長靴　　　　　　　四万〇一三〇組
編上靴　　　　　　六〇万〇九八〇組
上靴　　　　　　　　　四〇〇組
　計　　　　　　一八七万四三四九組
（『明治三十七年・八年戦役統計、出征部隊補給被服』）

これだけの大量の靴を製造するために日本中の製靴業者が日に夜を継いで作業したのはいうまでもなく、製靴業は大いに潤ったが、その反動も大きかった。施設を拡大、職人を増やして量産したものの、戦争が終わるとバッタリ需要がなくなった。そこへ先に触れたロシアからの大量発注である。製靴業は生き返ったのである。そして民間でも革靴が普及すると国産・輸入を併せて年間二〇万足前後の需要が見込まれるようになった。

ちなみに日本製靴は、一九九〇年（平成二年）にアメリカのブラウン社から「リーガル」の商標権を取得、社名を㈱リーガル・コーポレーション（本社千葉県浦安市日の出）に変更、今や国産革靴の八割を占めるトップ・メーカーである。日本皮革は一九七四年（昭和四十九年）に社名を日本皮革㈱から㈱ニッピ（本社東京都足立区千住緑町）に変更。皮革部門に加えてコラーゲン、ゼラチン部門を設立、医療、食品、化粧品分野に進出。「皮のニッピ」から大きく脱皮した。

第十章　日本土木から大倉土木組

日本土木解散

一八九二年（明治二十五年）十一月、喜八郎は日本土木の主だった社員を前に日本土木は解散、事業一切は喜八郎が個人として継承すると発表。社業は順調だっただけに、皆が驚いた。

「わが社の営業はこれまで順調で、相当な利益をあげてきました。しかし今後は会計法規に従い競争入札によらなければならないことになりました。そうなりますと請負件数は減少をきたすおそれがあり、業界もまた不安定の状態が続くのではと思われます。かかる際、組織の大きい会社組織ではその対応が出来ず、経営が困難となり、ひいては株主に対してご迷惑かからないとも限りません。今後は、日本土木の持っている残工事と会社の清算事務に入るとともに、今日以降は私個人の責任において事業を継続して参りたいと思います」

喜八郎は社員に解散を告げる前に、株主総会を招集して日本土木の解散を協議、賛成を得ていた。有限責任日本土木会社は設立五年八ヵ月でその使命を終えたということである。

政府はこの年の二月、法律第四号で会計法を公布。その第八章は工事及び物件の売買貸借に関する事項を規定しており、国が当事者の一方となって行なう私法上の契約、つまり工事および物件売買貸借は、原則として一般競争契約によることを規定した。

これまで中央官庁、陸海軍が発注する工事の多くが、特命見積方式、つまり発注者が業者を指名し、見積りで合格した者が工事を受注する。指名されるのは日本土木、鹿島、清水らの大手に限られ、そうすることによって高度の技術で安定した成果が期待でき、納期も守られる利点もあったが、新規業者の参入が事実上不可能という公平性に欠けた。

大きくなり過ぎた

もとより公平のための改正であったが、後に喜八郎から大倉土木組の後継に指名された大倉粂馬は回顧録にこう記している。

「政府は陸海軍の整備、拡張を急ぐがあまりに、日本土木会社を設立させたが、その組織が膨大に過ぎ、資本金は二〇〇万円もあったし、その上、わが国の技術者の長老を本社に網羅し、また経験豊富な技手、新進の大学卒技術者を多数招聘した。このため日本土木会社はその声望においても、実力においても、当時の官界を威圧する観があって、それが官僚に忌諱《きい》されて、当初の目的を達することができず、ついに解散するに至った」

日本土木の資本金二〇〇万円が、いかに巨額であったかは一八九〇年の軍事費の総額が二六〇〇万円、日清戦時下の一八九五年が一万一七〇〇万円と比較してもわかる。官尊民卑の弊風から脱し切れない、一部の官僚が大きすぎた民間企業の存在が鬱陶しく思えたとしても不思議はない。ちなみに大倉粂馬（一八六六〜一九五四）は愛媛県の出身、帝国大学工科大学を卒業したエリート技師で、妻は喜八郎の四女時子。

会計法が改正されて競争入札になれば、どういう弊害が生じるか。これまでチャンスのなかった中小の業者が身の丈に合わない工事を受注して破綻することが懸念される一方、彼らが参入することによって受注が減る大手は経営が苦しくなる。喜八郎はこういう事態に至る前に先手を打ったと思われる。

しかしそれにしても資本金二〇〇万円のマンモス企業を、個人の責任で継承するというのは危険で、どのような勝算があったのか。自然が相手の土木事業は何があっても不思議はない。喜八郎とは数多くの企業で関わった馬越恭平（大日本麦酒会社初代社長）はこう語っている。

「仕事にあたっては肝っ玉が太く、大ざっぱのようでいながら、実に非常な綿密さで事を研究し、異常の熱を以てドンドン進路を広げて行く。全く事業家の模範であった。世人は翁（喜八郎）の一徹剛情さを見て、直ちに、何事も我を押通し他人の言を容れぬ、という風に考えるが、単純のようで複雑な翁の性格は、決してとおり一遍の剛情ではなく、出所進退、利害損得を心得た上でのことである」

「単純のようで複雑」とは言い得て妙だが、どんな秘策があったというのか。

大倉土木組の誕生

日本土木の解散を発表した翌年の一八九三年十一月、喜八郎は自己責任による新会社、合名会社大倉組（以下、合名大倉組とする）を発足させた。この時、藤田と共同で設立した内外用達会社も同時に吸収合併。合名大倉組は大倉関係諸事業を子会社として傘下に収め、大倉財閥の中核として、この後、五〇年にわたって拡大、発展してゆく。

新会社の陣容は、頭取大倉喜八郎、副頭取手島鏻次郎、取締役高島小金治、寺田政成、木村静幽、大倉周三。

一八九三年六月、喜八郎は合名大倉組とは別に土木部門を担う、大倉土木組を設立、大倉粂馬（一八六六～一九五四）を後継に指名、自らは統括する立場を取った。皆は粂馬を店主と呼んだ。大倉土木組は日本土木の残工事の一部を引き継ぐと共に、日本土木に属していた技師が、それぞれが新規工事を受注することを認めた。大倉粂馬自身、旧姓野口の名義で佐世保と東京・葛西に事務所を開設、佐世保軍港と参宮鉄道工事は佐世保事務所で、成田鉄道工事は葛西事務所で引き継ぎ完成させた。大阪では土居通夫ら一四人の技師が発起人になって大阪土木会社を設立。日本土木の技師及び機械を譲り受け、同年二月から営業を開始した。

つまりこういうことではなかろうか。大倉の土木工事は大倉土木が引き継いだが、何が起こっても大本の合名大倉組に類が及ばないように別組織にしたのは危険の分散である。日本土木を解散する時点でこれだけのことを考えていたとすれば、その才覚は並ではなかったと言わざるを得ない。

徳川家康と北海道

北海道は、かつて樺太、千島列島を含めて蝦夷地と呼ばれた。蝦夷はアイヌのこと、アイヌが住む土地だからだ。蝦夷地が北海道になったのは一八六九年（明治二年）で、名の起こりには諸説があるが、北加伊《ほっかい》に道がついて北海道となった。アイヌは自分たちの土地を「カイ（加伊）」と呼び、お互いのことを「カイノー」と呼んだ。

一四四三年（嘉吉四年）、隣国の南部氏に攻められた津軽・十三湊の豪族安東盛季《もりすえ》は蝦夷地に逃れた。幾度かのアイヌとの戦いの末、盛季から数えて五代目の慶広《よしひろ》の代に豊臣秀吉から所領安堵を得て松前に城を築き、松前と改姓。

一六〇四年（慶長九年）、徳川家康は慶広に、次の三条をしたためた黒印状を渡した。松前藩の誕生である。

一、何人といえども松前氏に断りなく蝦夷と商売してはならない。

二、アイヌは何処に往行するも自由。

三、アイヌに対して非行をもうしかけるのは固く停止。

家康は松前氏の本領安堵を保証すると同時にアイヌの権利も認めた。家康はアイヌを切り捨てはしなかった。しかし家康のお墨付きを得た、松前藩は蝦夷地六一ヵ所に商場《あきないば》（知行地）を設け、それぞれに家臣を配し治安に当たらせ、交易と漁業によって莫大な利益を得た。

表向きは一万石の小藩だが、松前藩の内情は大いに豊かであった。しかしアイヌの権利を認めることはなかった。アイヌの女は強制的に入植者の現地妻にさせられ、たてつく者は反逆者として処刑された。

時代は飛んで明治。一八六九年（明治二年）、新政府は北方開拓を目的とした開拓使を開設したが、千島列島を伝って獲物のラッコを追って頻繁に領海を侵犯するロシアに手を焼く一方、海峡を隔てた樺太に於いてもロシアの圧力に押され、新政府にとって北方は厄介な存在でしかなかった。

一八七五年（明治八年）、ロシアと「千島樺太交換条約」を締結、ロシアが樺太全島を得て、日本は千島列島全島を得た。どちらが得をしたかについてロシア、日本のそれぞれの国内で議論が沸騰したが、世界でも有数な漁場の千島列島周辺海域を失った上に、太平洋への出口を塞がれたロシアが損をしたというのが大方の見方であった。樺太は豊かな森林・鉱石等の天然資源に恵まれていたが、その頃のロシアには開発する力はなく、樺太は巨大な監獄、すなわち流刑地としてでしか活用できなかった。

北海道開拓使

喜八郎の時代の北海道を含めて北方は、このような状況だった。

政府は一八六九年（明治二年）に北方開発のための開拓使を開設。初代長官には鍋島直正が就任したが、機能し始めたのは翌年に黒田清隆が開拓使次官に就任して、一〇年間に一〇

○○万円を総額とする大規模開発計画、いわゆる開拓使一〇年計画が決定されてからだ。開拓使の開設は西郷隆盛の発意とされ、同じ薩摩藩出身の黒田の起用となった。一八七四年に長官に昇進した黒田は潤沢な予算を用いて様々な開拓事業を推進したが、成果ははかばかしくなかった。ネイティブ・アメリカンの合衆国市民への同化を企図した「ドーズ法」をモデルに「北海道旧土民保護法」を制定する一方で、アイヌの生活空間の多くを近代法上の「無主地」とみなして一方的に国有地化し、本州などからの入植者に分け与えたことで、結果としてアイヌの多くが極貧に追いやられた。

黒田は長官になっても北海道には住まず、東京にいて開拓計画を練り現地に指示したが、及ぶ範囲があまりにも広範で手が回らないことから、測量・道路などの基礎事業を早々に切り上げ、産業育成に重点を置く方針に切り替えた。

札幌麦酒

その一つが麦酒、ビールである。一八七六年（明治九年）、北海道が大麦とホップの栽培に適していると分かると、アメリカ種大麦を原料としてドイツから技術を導入して醸造を開始し、一年間に二〇〇石を醸造して、東京方面で売り出したところ、これが好評であったことから、黒田は村橋久成、中川清兵衛らに命じて札幌に麦酒醸造所を開設。農事奨励の一策として道産の大麦、ホップの生産を奨励、翌年から冷製麦酒の製造を始めた。これが今日のサッポロビールの始まりである。

一八八二年（明治十五年）に開拓使が廃止となり、新たに設置された北海道庁は麦酒醸造所を民間に移管することにしたが、薩摩勢が官有事業・物件の払い下げで圧倒的に優位にあったのに、なぜ喜八郎に払い下げになったかは、背後に伊藤博文ら長州勢の巻き返しがあったと推測されている。また黒田には薩摩出身の政商・五代友厚との癒着など多くのスキャンダルにまみれていたことも事を喜八郎に有利に働いた。

喜八郎は個人として麦酒醸造所を引き継ぎ、大倉組札幌麦酒醸造場を設立。土田政二郎を支配人とし自ら陣頭に立った。二合入り一ビン七銭五厘、四合入り一ビン一三銭八厘で大倉組札幌ビールとして一般に売り出して好評であったが経営は赤字で、一八八八年（明治二十一年）、渋沢栄一、浅野総一郎らと図って札幌麦酒会社（資本金七万円）を設立。

北海道炭鉱鉄道会社の重役から、渋沢との関係から札幌麦酒株式会社初代社長に就任した植村澄三郎は、当時をこう回顧している（回顧録『大倉翁と麦酒業』から）。

「翁（著者註、喜八郎のこと）は度々札幌に出張されましたが、いつも随行などはなく、会社に来られると営業事務は勿論、工場まで隈なく調査されました。（中略）その後、事業は日清戦争捷利《しょうり》に因り益々好況に向かい、明治二十九年に三〇万円に増資し、東京、大阪に出張所を設けて販路の開拓に努め、明治三十五年には六〇万円にし、三十六年には東京吾妻橋畔に工場を新設し資本金を一〇〇万円に増資。この間に相前後して同業者続出しました。即ち東京に『エビス』、横浜に『キリン』、大阪に『アサヒ』、半田に『カブト』らの諸会社が起こり、麦酒市場は全くの混乱戦闘の状態になりました。この時に当たり、大倉翁主張して、曰く『今や日露の戦いで挙国一致国難に当たるべき危急存亡の秋《とき》であるのに、お互いに無益な競争をなすは恰《あたか》も兄弟が争うのと同様である。かくのごとき小競合はこの際、断然止めて大いに海外に発展をすべきである』として、日本麦酒会社社長馬越恭平氏、大阪麦酒会社の鳥井駒吉氏と交渉、渋沢の仲介と時の農商務大臣清浦子爵の斡旋により、明治三十九年に三社の合同が成立、大日本麦酒株式会社が成立、馬越氏が社長、渋沢、大倉両氏が取締役に就任。合同当時の資本金五六〇万円を四十一年には一二〇〇万円、大正九年には三八〇〇万円、次いで日本硝子工業株式会社を買収して四〇〇〇万円とし、昭和八年には八〇〇〇万円に増資、合同当初の目的であった輸出増進、原料の自給自足を達成し、わが国麦酒生産高の六割を占める世界最大の麦酒会社たるに至った」

第二次大戦後、大日本麦酒会社は過度経済力集中排除法に基づいて解散、第二会社として日本麦酒株式会社が発足し、一九六四年（昭和三十九年）に商号をサッポロビール株式会社に変更、二〇〇三年（平成十五年）にサッポロホールディングスへ商号を変更し、現業一切を同日に設立された新設会社サッポロビール株式会社へ分割譲渡した。

喜八郎は一九二七年（昭和二年）まで取締役を重任。没後は喜七郎が継いだ。この間、大倉土木が同社の名古屋工場の建設、博多工場の倉庫らの建設を受けた。

函館船渠

函館は神戸、横浜、長崎、横須賀、下田と並んで日本有数な港であったが、船渠《せんきょ》、ドックがないことが発展の妨げになった。一八八八年（明治二十一年）に函館に船渠を新設する計画が持ち上がったが、資本、技術、人材などいろいろな面に制約があって話は前に進まなかった。日清戦争の直後の一八九六年に地元関係者から、喜八郎に函館船渠会社の設立委員を引き受けてほしいとの要請があり、喜八郎が承諾したことで計画は一気に進み、同年六月には創立総会が開かれ、十一月には資本金一二〇万円の函館船渠の誕生となった。工事は大倉土木が請けた。一八九八年九月、船渠の締切り工事に着手、一九〇四年七月に全長五四〇メートルの締切り工事と被覆堤が完成。発起人の喜八郎はその後も同社の役員として経営に関わった。

屯田兵

屯田兵は中国の屯田制にならって創設されたもので、平時は開墾、農耕に従事し、有事の際には兵役に就く半農半兵のことで、一八七四年（明治七年）に屯田兵例則が発布され、札幌近郊の琴似村を中心に宮城、青森、秋田の三県から一九八戸、九六五人の男女が移住したのが始まりで、禄を失った士族救済の意味が大きかった。失業士族に「兵」という誇りを持たせながら、開拓という自活の道を開かせようとしたのである。当初は士族だけが対象であったが、やがて平民が中心となり、一九〇三年（明治三十六年）に制度が廃止になるまで、各地で三七兵村、七三七七戸、三万九九一一人らによって、七万四七五五ヘクタールが開発された。通常、一兵村二〇〇～二四〇戸、一戸当たり五町歩の土地が支給され、練兵場、官舎、学校などの公共施設を囲んで兵屋が規則的に配列された。

大倉土木は一八九八年から翌年にかけて天塩山地の士別、剣淵にかけて屯田兵五〇〇棟の建築を請負った。請負金額は九万七〇〇〇円であった。

旭川第七師団

一八八八年(明治二十一年)、陸軍はそれまでの鎮台制度を廃止して、新たに師団制度を採用した。東京、仙台、名古屋、大阪、広島、熊本の各地にあった鎮台を東京を第一として北から順に第二から第六とした。一八九六年(明治二十九年)に屯田兵は日清戦争に参加するにあたって師団に昇格、第七師団となった。

この時期、大倉土木は数多くの師団、連隊の兵営建設工事に関わった。金沢、村松、弘前、小倉、津田沼兵営ら十指に余る。とりわけ旭川第七師団の設営は、社運を賭けた大工事となった。

旭川は一八九八年(明治三十一年)、札幌との鉄道が開通したことで着目されたが、人口三六〇〇人余りの小さな町でしかなかったが、ロシアへの北の備えが急を告げ、新設の第七師団の駐屯地が旭川に決まると、にわかに脚光を浴びるに至った。時の陸軍大臣桂太郎は新設師団の兵営建設の一切を喜八郎に命じた。これまでの北海道の産業開発、屯田兵棟、函館船渠らの建設の功績が認められたものと思われる。

ロシアとの関係が緊迫を告げている時だけに、陸軍も大倉も、最高の布陣で臨んだ。ロシアとの国交が断絶したら北海道が戦場になる可能性があった。第一陣が現地に到着したのは一八九九年（明治三十二年）六月。原生林を切り開いて敷地造成に取り掛かり、本格的な建設に着手したのは一九〇二年で、その後二年余の歳月をかけて完成した。

敷地総面積は三〇〇万平方メートル、工事契約の件数は五八件、建物の総延長は五三三三メートル、現場の視察は馬で回った。木材は美瑛の御料林と愛別の官林を伐採、現地で製材の上、乾燥させたが、これは大変な苦労があった。動員した労働者は一日最高六〇〇〇人、工事期間中の延べ動員数は二〇〇数十万人に及んだ。工事の請負金総額は四六七万円余で、官給原材料を加算すると五六〇万円を超え、軍関係の工事では、かつて例を見ない巨額となった。

大倉土木の主任次席として工事に当たった大原忠隆の書簡によると「荒漠たる原野、順次省線の引き込みも出来、軽便レールの布設にもとりかかり候。その節、汽車は油蝋燭が用いられ、旭川駅前には散々バラックの如き商店、宿屋、料理屋もあり、遊郭の如きもありたれど、電燈会社なく、電話局もなく、銀行もなく、毎月の支払、数十万円は会計係二名にて小樽まで行き、現金を抱き持ち帰り候」とある。

工事が完成した時は総理大臣だった桂太郎は、新師団の誕生と兵営の完成を祝し「幾多能満毛利」（きたのまもり＝北の守り）と記念碑題字を揮毫。この記念碑は、現在、旭川市護国神社境内にある。

旭川第七師団が誕生して一年余りで、日露戦争が始まった。第七師団は第三軍に属し旅順攻略戦に参戦、旅順陥落後も乃木希典に従って満洲各地を転戦。シベリア出兵、ノモンハン事件に参戦。太平洋戦争が始まるとガダルカナル島のルンガ飛行場奪回に向かったが、結末は悲惨だった。旭川を発った二五〇七人の内、帰還出来たのは一四〇人余、北の海ならぬ南の海に散った。

第十一章　脱亜入欧からアジア主義への転換

弱体化した中国、襲い掛かる欧米列強

ローマもアテネも、いまだ田舎町でしかなかった時代に、すでに中国は高度の文明社会をつくっていたという矜持《きょうじ》と自負心から、欧米の理論と方法は中国社会と調和しないという中国の自信は揺るがなかった。しかし科学技術の優劣という現実の前には、ただの幻想にすぎないことを、ほどなく思い知る。

日清戦争で極東の小国・日本に敗れ、弱体化を露呈した中国に欧米諸国は仮借なく襲い掛かった。中国ではこのことを瓜分《かぶん》という。中国を瓜のようにきり分けて分け前にありついたというのだ。

始まりはロシア、ドイツ、フランスによる三国干渉であった。遼東半島を中国に取り戻した代償としてロシアは東清鉄道の敷設権と大連、旅順の租借権を獲得。フランスは中国にメコン河流域の一部を割譲させ、広州湾を租借、東京《とんきん》から雲南省に通じる鉄道の敷設権、広東、

広西、雲南三省と海南島を他国に譲渡しないことを中国に同意させた。ドイツは膠州湾の租借、山東半島を勢力下に置いた。これに便乗してイギリスは九龍半島、威海衛の租借権を獲得。アメリカは列強に干渉しない代わりに、列強が新たに手に入れた港、鉄道における平等の恩恵にあずかることを要求、承認させた。それにしても恐るべき貪欲さである。

その結果として義和団事件（一八九九〜一九〇一）が起きた。事件の経緯は周知されているると思うので省略するが、「扶清滅洋」（中国を救い、西洋を滅ぼす）を目的とした中国民衆の反乱である。しかし西太后の対応の過ちとも重なって義和団事件は中国にひどい災禍をもたらした。

金融恐慌

義和団事件の最中の一九〇〇年（明治三十三年）五月、喜八郎はパリ万博参加を兼ねて欧米商業視察のため横浜港を出港。自身、三度目の洋行である。行く先々で義和団事件が大きく報道されていたが、その根底に白色人種の絶対的優位という構図があるのが、喜八郎には衝撃であった。アジア蔑視である。これまで欧米を目指してきた喜八郎がアジアに視点を移す動機の一つとなったと思われる。

同年九月に帰国した喜八郎を待ち受けていたのは金融恐慌であった。六月、下谷商業銀行が支払い停止、東都銀行、両国銀行ら小銀行が破産。日銀は公定を引き上げるなど対策を講じたが、十一月、横浜蚕糸銀行、十二月、東京明治銀行、熊本第九銀行が支払い停止に陥り、九州銀行界が混乱に陥った。政府は年明けに増税法案を提出するなどの手を打ったが、貴族院との調整がつかず、天皇が増税案成立を貴族院に命じる詔勅を出す異例の事態となった。翌年四月、第七十九銀行、難波銀行の支払い停止を契機に銀行恐慌が各地に波及。五月、預金者が銀行に殺到して預金を引き出す「取付け」が京都で起こり、大阪にも波及。日銀の救済融資によって鎮静化に向かったが、この間に支払い停止に陥った銀行は三四行に及び銀行の信用は大きく失墜した。五月二日、首相伊藤博文は財政方針をめぐる閣内不一致で辞職に至った。経済の立て直しは、待ったなしの課題となった。

東亜同文会と白岩龍平

一九〇二年（明治三十五年）十一月、喜八郎は中国に行く。中国本土は初めてである。上海から漢口（武漢）に至る揚子江沿岸一帯を視察。日支合弁汽船会社大東新利洋行（上海―蘇州間）社長の白岩龍平が同行した。

一八九〇年に荒尾精、根津一らが設立した日清貿易研究所で学んだ白石は、一八九八年に近衛篤麿（一八六三～一九〇四）らと諮《はか》って東亜同文会を設立。同会は苦境にある中国に隣国人として何を為すべきかを考えるための機関で、白岩の呼びかけで日清貿易研究所にいた宗方小太郎、井出三郎、中野二郎、高橋謙、田鍋安之助、また荒尾の師匠格の岸田吟香らが加わった。資金は森村銀行頭取森村市左衛門が支援した。

近衛篤麿は五摂家の筆頭近衛家の嫡子で、近衛文麿（元首相）、秀麿（指揮者）の父。篤麿は明治天皇の命によりヨーロッパに留学、一八八五年から九〇年にかけてヨーロッパ数ヵ国に滞在。欧州滞在中にヨーロッパ文明に強く惹かれる一方、アジアに対する帝国主義的欲望と白色人種の黄色人種に対する優越意識に危機感を抱き、「中国の分割」は必至と見た篤麿は、ともすれば列強に追従して中国分割に加わろうとしている日本を怒り「日本人はこの際その態度を慎み、よく支那問題の真相を研究して一〇〇年の宏謨《こうぼ》（広大な計画）を定めるべし」と諫《いさ》めた。

同会の結成式には福本日南（『日本新聞』創刊者）、三宅雪嶺（雑誌『日本及日本人』主幹）、池辺三山（『朝日新聞』主幹）、平岡浩太郎（玄洋社社長）、犬養毅（後に首相）、内田良平（黒龍会創立者）、宮崎滔天（中国革命の援助者）と平山周らが参加した。

喜八郎は近衛とは面識がある程度だが、白岩とは東亜同文会結成以前と以後、確認されるだけでも二度会っている。一九〇七年（明治四十年）には外相林董《ただす》、蔵相阪谷芳郎の発意で、対清経済事情調査のための日清起業調査会を設立する会合に、喜八郎は渋沢栄一、近藤廉平、益田孝、山本条太郎、大橋新太郎、古市公威《きみたけ》らと共に招かれ、鉄道の工事請負・材料提供、電話事業に関する借款など具体的なことが討議されたが、この会の幹事が白岩であった。この時の話し合いを基に、一九〇九年に三井と大倉が中心となった中国への国家規模の投資機関・東亜興業が設立されるのである。

白岩が湖南汽船会社（本社東京、支店中国・漢口、資本金一五〇万円）を設立した時、喜八郎は渋沢と共に相談役になった。白岩は帝国ホテルの監査役でもあり、喜八郎と白岩とは情報、価値を共有する関係にあったと推測される。

白岩は喜八郎と初めて出会ったときのことをこう記している。

「私は湖南汽船会社の設立に奔走中で、上海から大阪商船の大貞丸に乗り込んだ。ちょうど大倉翁の漢口行きの乗船と同じで、洞庭湖航路の開始について翁の援助を受けつつあった時でお供をしたのは、私にとり幸運であった。翁は長江の秋の風景に興じ、歴史や人物を談じつつ例の狂歌を作って示された。九江に寄港すると陶淵明や白楽天の故事を語り、琵琶亭に当時を忍び、私も連れ立って九江の市街を見物された。城外の熱閙《ねっとう》の市場を通ると大きな鯉を並べている。これを買って味わおうと翁は発議された。私も直ちに賛成した。

陶淵明や白楽天もこれを肴に舌鼓をうったに違いない。良い歌も出来ようというもの。さてその中の大きいのを買って、私が担った。短身な私は肩から下げても余る尾を引きずりながら船に持ち帰った。漢口に着くと日本租界はまだ区画されただけで料理屋も宿屋もなく、まだ工事中のホテルに泊まった。風呂を命じたところ、長江の濁り水を沸かして西洋風呂の底に三尺位の湯しか入っていない。それでも翁は小言一つも言わない。船中や宿屋で語られる翁の片言隻語は、貴重なものだった。『事業の成功は信用の累積である。小事に細心なるものは遂に大事を成す。その計画が正しければ事業は実現せずとも成功である。されば人は死の前日まで新しき事業を計画すべきである』。翁が私に語ったことは、今も耳底に宿っている」

日本の兵器、弾薬事情

歩兵大尉石光真清（一八六七〜一九四二）は第二軍司令部の副官として日露戦争に臨んだ。初戦は旅順攻略の前哨戦となる南山（現大連市）の戦いで、後方の司令部にいた石光は、目の前で展開された凄惨な戦いを自著『望郷の歌』でこう記している。

「掩護砲撃のもとに突撃を敢行する決死隊は、次から次に敵の機関銃の砲撃になぎたおされて、行くもの行くもの、倒れてふたたび起き上がるものがなかった。わが軍が機関銃という新兵器を体験したのはこれが初めてであった」

それでも第二軍司令官の奥保鞏《やすたか》中将はあくまで前進を命じた。攻撃を開始して五時間ほどで日本軍の砲撃が止んだ。砲弾を撃ち尽くしたのである。日清戦争全期で消耗した弾薬をなんとわずか半日の戦いで撃ち尽くした。それでもまだ南山の麓にすら辿り着けなかった。日本が日露戦争で直面した最初の試練が南山の戦いであった。この時点で弾薬を撃ち尽くすとは予測もしていなかった大本営は、東京と大阪の砲兵工場の総力をあげて量産に励んだが、いまさらどうしようもなく、「開戦前に用意しておくべきだった」と悔やんだ。日本は平時に於ける武器生産体制を総体的に見直す必要に迫られた。

武器輸入国から輸出国へ

「一つの戦争で使われた新兵器は、その戦争が終われば旧兵器でしかない」と言われるように、兵器の改良は日進月歩、一刻の停滞も許されない。戦争に勝利するためだけでなく、軍事産業が生み出す技術がその国全体の科学工業技術レベルを押し上げるということもあって欧米先進国は武器市場での覇権を争った。日本も遅まきながら武器輸入国から自給可能な国から、さらに輸出国になることを目指した。

高田慎蔵

一八九〇年（明治二十三年）、喜八郎の嫡子喜七郎と高田慎蔵（一八五二〜一九二一）の二男が明治天皇の第三子嘉仁《よしひと》、後の大正天皇の日々のお相手役に選ばれた。高田はすでに貿易商として名を成しており、高田の出生地が佐渡の相川であることから、喜八郎とは面識があったと思われるが、この頃を機に喜八郎と高田は国家規模のあるプロジェクトを担うことになる。

高田は旧幕府佐渡奉行支配地組頭天野孫三郎の三男に生まれ、父の同僚高田六郎の養子となり、一八六五年（慶応元年）、一四歳にして佐渡奉行の出仕見習いから、公事方秘書役に、夷港運上所に勤め外務下調兼通弁になった。

得意の英語を活用してイギリスの商社からの出資を得て、一八八一年、銀座三丁目に合資会社高田商会を設立。欧米から機械、船舶、武器、軍需品などを輸入し、日清戦争では巨額の利益を得た。ちなみに一八七三年（明治六年）に喜八郎が設立した大倉組商会本店も銀座三丁目。

陸軍省から大量の武器弾薬が払い下げ

一九〇三年（明治三十六年）八月二十五日、喜八郎は三井物産（以下三井）と共に陸軍省に呼び出され、マウゼル銃用実包八〇〇万発（五万六〇〇〇円相当）の払い下げを受けた。この年、清国の武器輸入禁止措置の期限が満了になったことと併せて考えると、清国に売れということなのである。喜八郎は国内はともかく、外国に武器を売るのは初めてである。三井と大倉は清国の各方面に打診したが、大量の弾薬の買い手が、おいそれと見つかるはずもなく、翌年九月までの猶予を求めたが、十月三十一日、三井と大倉は再び呼ばれた、陸軍省との間に清国向けの兵器弾薬の払い下げ契約を、追加分も含めて新たに結ぶことになった。歩兵銃九〇〇〇丁、騎兵銃二〇〇〇丁、実包四五〇万発、総額三八万九八〇五円の払い下げを受け、契約と同時に七万一七五円を内金として納入、残額は現品授受ごとに支払う。銃の刻印は「30年式」「菊花紋章」とあるべきところが「光緒29年制」「團龍紋」となっており、清国向けに製造されたのは明らかであった。ありていにいえば軍人はビジネスが出来ないから、「代わりに売れ」ということなのである。本来なら先方がお願いするのが筋だが、今回も問答無用であった。

清国にも武器弾薬を必要とする事情もあって市場は次第に開けてきた。以後、中国への武器輸出が急増に向かう。

一九〇七年（明治四十年）、三井と共同で、時には大倉単独で膨大な量の武器弾薬の払い下げを受ける。三井と共同で清国直隷総督に一月に銃一五〇丁、八月に銃四〇〇丁、十一月

1913年に来日した孫文一行を迎えた泰平組合メンバーと陸軍首脳。前列左から4人目が高田慎蔵、右に孫文、長谷川好道参謀総長、喜八郎（写真提供・高田慎一）

に砲用管薬一四万七〇〇〇個、蒙古喀喇沁王《はらちん》向けに、一月、銃二〇丁、実包一万発、軍刀五振。大倉単独では一月、満洲向けに銃五〇〇丁、村田銃三〇六丁、実包四万五八〇〇発、自動拳銃一〇〇丁、実包一万発、二月、スナイドル銃三〇〇丁、四月、鉄嶺巡警局に銃三〇〇丁、村田銃一〇〇丁、実包六万発、公主嶺巡警局に銃二〇〇丁、実包三万発の他、売込み先不明のものも、見本用として戦利品のロシア式拳銃と実包などが混じっていた。

泰平組合の誕生

一九〇八年（明治四十一年）六月十日、武器販売では実績のある高田慎蔵の高田商会が参入し、三井、大倉三社による泰平組合が誕生する。外務省資料の「泰平組合に関する件」には「泰平組合は明治四十一年三井、大倉、高田三社の間に諸外国に対する武器輸出の目的を以て一〇年の期限を以て組織せられたもの」とある。世には知られていないが、泰平組合は日本で武器輸出の唯一最大の組織として存在することになる。「一〇年の期限」はその後、大正年間末までに三次にわたり延長されたが、いずれも陸軍大臣の命令条件に従って締結されていることから、泰平組合は事実上、陸軍の御用機関であったと推測される。

その後の経緯だが、一九二六年（昭和元年）に高田商会が脱退し、三井と大倉とで継続。一九二八年に三井と大倉は陸軍省に泰平組合の存続を陸軍省に要請しているが、これは国内に軍縮を求める機運が高まる一方で、武器輸出総額が減少し泰平組合の存続が危ぶまれたことから、それでも武器輸出機関を保持したい陸軍からの働きかけで、あえて組合からの要請という形を取ったものと思われる。しかし陸軍省内部でも泰平組合への不満もあった。「組合が注文引受け後一ヵ年以内に引き渡しを完了せるものほとんどなく、数ヵ年にわたるもの多し」「タイに至っては銃と実包の輸出が注文開始から、実に四ヵ年を要した」等々、かならずしも実績が上がっていなかったのは、儲かった時期もあったろうが、三井も大倉も、これを本業にするつもりはなく、長年、陸軍用達を務めてきたことから断ることも出来なかったものと推測される。

泰平組合から昭和通商株式会社

陸軍としては製造原価で払い下げ、組合の要請があれば売込み先の事情に合わせて製造し、説明のために軍から技術官を派遣するなどの便宜を図るなどしながらも結果が付いてこないことに苛立ちを募らせていた。しかし泰平組合に代わる武器輸出機関の設立の見通しが立たないまま時が経ち、一九三九（昭和十四年）に新たに三菱商事が加わって、泰平組合に代わる機関として昭和通商株式会社が誕生する。資本金一五〇〇万円は三井、大倉に三菱が加わってそれぞれが五〇〇万円ずつ出資。しかし泰平組合と異なり、業務上の指揮監督権、人事権等すべてを陸軍省が掌握しており、まさしく陸軍省直轄の武器輸出商社であった。最盛期には世界各地に支店、出張所が設けられ、正社員は約三〇〇〇人、現地採用の社員を含めると約六〇〇〇人規模の巨大武器輸出商社となった。同社は一九四五年八月二十日に取締役会の席で自主解散。足掛け七年の短い命で戦争と共にあったが、なぜか昭和通商からは一人の戦犯も出なかった。

清朝末期の中国の利権回収活動

清朝末期に民族資本による鉄道会社が中国各地に興《おこ》り、一九〇三年から一〇年にかけて一六の民間鉄道会社が設立された。列強の手に落ちた利権の回収活動の一環でもあったが、民族資本が十分に育っていなかったことなどから早々に破綻が生じ、逆に欧米資本に付け込まれる結果となった。

一方、日清戦争に勝利して台湾を領有した日本は、台湾の対岸に位置する中国・福建省に目をつけ、同地から長江流域に至る鉄道建設の利権獲得を目指した。一八九八年（明治三十一年）、日本政府は清国政府に対して福建省を他国に割譲しないこと、同省内の鉄道建設について日本に先議権を求める要求書を提出した。この件は義和団事件の勃発でうやむやになったが、イギリス、イタリア、ドイツらも狙っていた利権で、日本は国際レベルの利権獲得戦の渦中に首を突っ込むことになった。果たしてイギリスから圧力がかかった。日本は湖北借款でイギリスに譲歩した代わりに、厦門《あもい》、福州、南昌、九江、漢口を結ぶ鉄道建設の借款手続き中であることをイギリスに通告。湖北で譲った見返りとしてイギリスが了承したものと日本は考えた。

しかし現実はそうはならなかった。日本は一九〇四年（明治三十七年）八月、改めて清国政府に九南鉄路公司設立の許可を求め、江西全省鉄路公司を設立。長江南岸の九江と江西省の省都南昌を結ぶ重要路線で、同年十月、日本は地元資本の大成工商と共に九南鉄路公司を立ち上げ工事に着手したが、経済不況等の影響もあって大成工商が資金面で行き詰まったことから、公司の経営が困難になった。大成工商が九南鉄路公司の株を担保に日本の興業銀行（以下興銀）から融資を受けていて、そのことが明るみに出ると不都合なことから、日本は大成工商が破綻する前に、次の手を打たざるを得なかった。

東亜興業株式会社

一九〇七年（明治四十年）四月、喜八郎は渋沢、近藤廉平（三菱、日清汽船社長）、益田孝（三井）等と日清起業調査会を設立する。幹事は白岩竜平。日清起業調査会は日本企業の中国への事業面での進出をサポートするための調査機関で、外相林薫、蔵相阪谷芳郎の意をくんだ、いわば民間の形をとった政府機関でもあった。

一九〇九年（明治四十二年）六月、喜八郎は渋沢、近藤、益田らと対清投資会社設立の実務協議に入った。七月十三日、対清投資会社の設立協議会が三井集会所で首相桂太郎、外相小村寿太郎が立ち合いの下、全国から有力実業家が出席して開かれ、定款と資本金を一〇〇万円とすることが決まり、前出の四人が発起人となって均等に出資。同月二十日には桂、小村の臨席の下、発起人の他に山本条太郎（三井）、大橋新太郎、古市公威、白岩竜平らが加わり、社名を東亜興業株式会社（本社・東京、以下東亜興業）とすることとし、八月十八日に日本初の対中国投資専門機関として正式に発足。活動資金は各自が相応に負担し、必要に応じて大蔵省預金部引受けの興銀債権が充てられた。社長は古市、大倉からは大倉組副頭取の門野重九郎が取締役に就任、喜八郎は役職にはつかず、五〇〇株を所有する一株主にとどまった。

しかしいわば新参者の東亜興業は、フランス資本、アメリカ資本、イギリスの怡内洋行（サミュエル商会）、ドイツの礼和洋行、南洋華僑資本らを相手に、予測された通り当初から苦戦を強いられた。

当初、現地に於ける交渉担当者は三井物産の高木陸郎、大倉組の橋三郎が当たり、交渉が山場を迎えると本社から白岩が派遣された。もとより東亜興業がメインであったが、三井、大倉の他に台湾銀行らが独自に関わることもあった。

一九一一年（明治四十四年）十月、中国に辛亥革命が起こり清国が滅亡。翌年、中華民国が成立すると、日清汽船上海支店長木幡恭三は本店の白岩宛に「政治問題は政治問題として、吾々はこの機会を利用して利権獲得の必要有之候間、江西鉄道その他今日まで未解決の問題を解決し、長江に於ける利権に食い込み候事必要と存じ、河野久太郎と協議種々提案致候間、東京方面宜敷御配慮願上候」といった内容の書簡を送った。河野久太郎は日清汽船の前身大東汽船出身で、この時は大倉組に在籍し上海支店長の職にあった。同年十一月、河野から喜八郎宛に「革命政府との間に江蘇省の江蘇鉄路を担保に三〇〇万円の投資話が持ち上がっているが、この話を進めてもよいか」との電報が届き、喜八郎はこれに応諾。

一九一二年（明治四十五年）、外務大臣官邸に官民の有力者数名が集まった。議題は前記の三〇〇万円であった。同席した白岩が後日、語ったことによると、会議の経緯は以下のようなものであった。

劈頭、喜八郎が発言。

「革命軍の成敗は、今、分岐点にある。彼らは南京を陥れ長江一帯を占領して中華民国仮政府を建設するに至ったが、経費多岐にして各省の収入に有志の寄付を集めても到底足りない。しかも中国国内の銀行はほとんど営業停止の状態で、他国に援助を求めるも応じる国は一国もなく困窮極まっている。そこで江蘇省の鉄路を担保として三〇〇万円の借款を求めてきたのだが、この鉄道は元はイギリスと関連し、また借款の性質上、我が政府の同意を得る必要があり、資金はなるべく多くの者の出資によることが国家政策上も有利である」

話し終えた喜八郎は外相に同意を求め、同席者に協力を促したが、日銀総裁高橋是清は

「冒険的過ぎる」と強く反対したことから論は進まない。すると喜八郎は憤然と席を蹴って退場、座は白けたまま散会となった。官邸を後にした喜八郎はその足で安田善次郎を訪ね「すべてオレが責任を持つから」と言って五〇万円を借り受け、自己資金と合わせて一〇〇万円を革命政府に融通した。後日、この金は元利を併せて完全返済された。揚子江一帯の利権を独占したいイギリスが融資して中国に返済させたとされている。イギリスに跳ね返されたということである。

喜八郎は江蘇鉄路の次に江西鉄路に目標を定め、現地に門野を派遣、門野は河野と共に南京詣《もう》でをし、革命政府の力で事の実現を急いだが、東亜興業との調整不足に加えて外務省の思惑もあって事はうまく運ばない。この間の込み入った過程は省略するが、結局のところ東亜興業と江西鉄路公司との間に鉄道工事のために五〇〇万円を貸与することで決着。利息は利率六・五パーセント、期限は据置き一〇年後の五年間で元利払い、担保は機械、材料、建物、及び営業収入。この借款によって日本は広義の経済的、政治的利権を長江流域の重要な一角に獲得することに成功した。工事は大倉土木が、機械、材料購入は大倉組と三井物産が半々で請けた。五〇〇万円の実際の出資者は、政府三〇〇万円、興銀一〇〇万円、大倉、台湾銀行各五〇万円であった。

儲からない方が良い

木幡はこんなことも言っている。

「借款の担保に設定した鉄道は儲からないほうがよい。もし儲かれば借款の返済が可能となり、借款は単なる借款で終わってしまう」

つまり借款の目的は利子を得ることではなく、鉄道そのものということなのである。しかし革命によって民族意識が覚醒し、六国借款問題で国権喪失危機の世論が高まる中国で借款の狙いが利子ではなく、鉄道そのものとすれば、鉄道及びその用地は国家そのものであることから新たな軋轢を生む結果となった。

以下は日本が東亜興業を通じて中国の利権に関わった事例を年代順に記した。多方面に及んでいるが成果の程は確認できていないものが多い。

・一九一〇年（明治四十三年）五月　清国随一の製塩地直隷省長芦の製塩商九五人と三〇〇万円の借款契約を結ぶ。期限一〇年、年利八パーセント。同年十月、漢口水電公司と借款三〇〇万両供与。期限三年、年利八パーセント、担保は財産全部。

・一九一二年（大正元年）七月、南潯《なんじん》鉄路公司（江西鉄路の一部で江西省の九江・南昌間）と借款五〇〇万円供与契約を締結。年利六・五パーセント、据置一〇年の期限一五年。まず三五〇万円を交付、工事進捗に従い残りの一五〇万円を交付。担保は鉄道の動産、不動産及び営業収入。工事請負、技師雇用、機械材料購入、社債発行の優先権などの付帯条件付き。

・一九一四年（大正三年）七月、南潯鉄路公司へ一〇〇〇万円供与契約を締結（第二次追加）。資金は興銀からの借入金、原資は大蔵省預金部引受け。同年十一月、五〇〇万円（第三次追加）。

・一九一六年（大正五年）四月、漢口水電公司に一五〇万円（第二次追加）。
・一九一七年（大正六年）一月、漢口水電公司に一〇〇万円（第三次追加）。八月、南昭鉄路公司との間に南涛鉄路の延長契約を締結。
同年七月、東亜興業は資本金を三〇〇万円から二〇〇〇万円に増資。
・一九一八年（大正七年）十二月、張綏《ちょうすい》鉄路と借款三〇〇万円供与契約を締結。
同年七月、東亜興業は資本金を二〇〇〇万円に増資。
・一九二〇年（大正九年）二月、中国政府と有線電話の拡張改良のための借款一五〇〇万円供与契約を締結。
・一九二一年（大正十年）四月、中国政府交通部と京綏《きょうすい》鉄道の包頭までの延長工事に借款三〇〇万円供与契約を締結。同年十二月、上海成宝紡績に借款五〇〇万円供与契約を締結。
・一九二二年（大正十一年）五月、南涛鉄路公司と借款二五〇万円供与契約を締結。
・一九二三年（大正十二年）五月、南涛鉄路公司と借款五〇〇万円供与契約を締結。
・一九三四年（昭和九年）四月、平綏《へいすい》鉄路管理局と借款二五〇〇万円供与契約を締結。

「私の金だから損をしてもかまわない」

東亜興業とは別に、大倉が単独、あるいは三井らと共同で借款契約を結んだことはすでに触れたが、喜八郎本人は借款についてどのような考えを持っていたのか。大蔵省の官僚で喜八郎とも親交のあった橋本圭三郎がこんなことを書いている。大蔵省で銀行家、実業家らが中国への借款について討議した時のことで、「立派な担保があって、将来間違いなく返済されるというのなら応じてもよいが、中国人（原文は支那人）のことゆえ信用できない」との考えが主な流れになりつつあった時で、それまで黙っていた喜八郎が口を開いた。「その借款が日本のためで、併せて中国（支那）のためになるのなら、担保に重きをおかずやってみましょう」との発言に周囲から「もう少し考えたほうがよい」「危ないから控えた方がよい」との異論の声が上がる中、喜八郎は「国家のためになるなら、私はどこまでも賛成します。私は損しても構いません。損をしたって、私の金ですから」と応じて周囲を驚かせた。橋本は「その断固たる態度、国家信念と富に対する執着のないこと、私は感嘆のほかなかった。なるほど翁の富は翁自身の努力奮闘の結果なのだから他の人と違って思い切ってやれるわけであるが、私は随分長く役人もしたし、民間の事業にも携わってきたが、このような人に出会ったことはない」と驚きを隠さなかった。

喜八郎は異次元の存在であったということか。「底のない甕《かめ》」は己の信念がもたらす必然であったということでもある。

以下は大倉組が単独、もしくは共同で行なった借款（一部投資）の主な事例を列記した。

・一九一二年（大正元年）一月、江蘇省鉄路公司と三〇〇万円の借款契約を締結。年利八パーセント、据置五年、期限一五年。担保は上海・楓涇《ふうけい》間の鉄路、原資は大倉一〇〇万円、正金、台湾銀行、第一銀行、安田銀行各五〇万円。

同年二月、上海の閘北《こうほく》水電廠と三〇万円の借款契約。翌年四月、一〇万円を追加。同年、張謇《ちょうけん》へ二五万両（一両はほぼ一円）の借款契約を締結。年利九パーセント、原資は正金、担保は崇明紡績。翌年四月一〇万両を追加。

同年三月、蒙古の喀喇沁《はらちん》王へ一一万円の借款契約を締結。この借款には裏があって川島浪速（大陸浪人、川島芳子の養父、一八六五～一九三五）らが画策した蒙古独立運動の活動資金で、川島の名が明るみ出たら困る日本政府が大倉をダミーに使い資金も外務省が八万円、参謀本部が三万円出したとされている。

・一九一六年（大正五年）六月、交通銀行総裁梁士詒《りょうしい》の要請で華寧公司名義で鳳凰山鉄鉱代金の供託金として、中国財政部に一〇〇〇万円を貸与。年利八パーセント、期限一年。しかし鳳凰山鉱山開発計画は進捗せず、以後、この後始末に追われる。

同年十月、奉天都督と一五〇万円の借款契約を締結。

・一九一八年二月、三井物産名

喜八郎と張作霖。喜八郎は張作霖とは自宅に招かれるほど親しい関係にあった。写真は喜八郎89歳、最後の中国訪問で、場所は張の邸宅前とされている

義で三井、鈴木商店、藤田組と共に湖南省政府らと水口山鉛鉱石購入前渡し契約を締結。契約金二七万両は四社共同負担。しかし湖南省の政変で履行されず、交付金三〇万円が延滞となる。

同年二月、三井、鈴木商店、久原鉱業、古河、大阪亜鉛鉱業らと中国における鉱業投資組合の興源公司を設立。資本金三万円、各社均等出資。後に三菱、明治鉱業など五社が加わり資本金二〇万円に増資。先の水口山鉛鉱に関わる。

同年三月、中国・青島に青島冷蔵を設立。出資四〇万元。

・一九二〇年六月、張作霖と興発公司協定に調印。東蒙古開発に関わる事業で、まず二〇〇万円、さらに二〇〇万円が交付されることになっていたが、外務省からの差し止め命令が出て不成立となった。翌年、三万町歩の農牧場開発計画が実現しかかったが、奉直戦争などの影響で潰えた。

・一九二三年四月、日中合弁の魯大鉱業股份有限公司を設立。本社青島、資本金銀の一〇〇〇万元は日中の均等出資。石灰の埋蔵量は淄川《しせん》炭鉱約一一億トン、坊子炭鉱が約八〇〇〇頓、金嶺鎮鉄鉱が約一億トンと推定された。

・一九二四年（大正十三年）二月、蒙古奈曼《なまん》王と三万円の借款契約を締結。担保は同王の不動産。同年十一月、段祺端と五〇万円の借款契約を締結。段が北京に入るための資金。

・一九二六年五月、奉天電車（株）を設立。本社奉天、資本金一五〇万円。

・一九二八年二月、藤田組が淄川炭鉱から手を引き、大倉独自で採炭事業を継続。

この年の四月、喜八郎が逝去。

・一九三〇年一月、スマトラ島（現インドネシア）に大倉スマトラ農場を設立。資本金二〇〇万円。会長喜七郎、取締役に門野ら。約五万エーカーの土地にゴム、油椰子、コーヒーなどを栽培。三七年にはゴム工場、油搾工場を建設。

・一九三四年四月、満洲国政府と合同で満洲綿花股份有限公司を設立。本店奉天、資本金二〇〇万円。綿花の買入れ、加工、種子の販売を行なう。

・一九三七年二月、喜八郎がつくった奉天電車から撤退。同年六月、奉天に協和地産（株）を設立。資本金五〇〇万円。土地、建物の経営。

この年の七月、日中戦争勃発。

・一九三八年一月、日本軍から山西省占領下の工場、鉱山の委託を命じられる。

・一九三九年一月、大倉山西開発組合を設立。軍委託事業への投融資を行ない、それらの事業を統括する。

・一九四〇年十二月、北支那開発と共同で山西炭鉱業所を設立。

・一九四二年一月、大倉蒙古農場を設立。本店奉天、資本金四〇〇万円。高粱、トウモロコシを主とした農業の他、牧畜、林業。

同年四月、北支那開発などと共同で山西省に山西産業を設立。本社山西省太原、資本金三〇〇〇万円（大倉一七・一パーセント）。製鉄、炭鉱、電気、紡績など軍工場の管理を受託。

一九四五年になって中国、満洲での企業は次々に解散。第二次世界大戦の終了を以て、大倉の海外における活動は完全停止。

大倉財閥の対中国投資（一九二八年度末現在）

・株式投資

社名	所在地	投資額
鉱業		
本渓湖煤鉄有限公司	本渓湖	3、500、000元
銅鉄公司	本渓湖	102、725円
安東精煉所	安東	322、000円
順済鉱業有限公司	上海	50、000元
華寧公司	上海	845、007円
大同鉱業合資会社	大阪	72、500円
興源公司	東京	35、000円
大源鉱業株式会社	東京	286、380円
南定炭鉱株式会社	青島	625、000円
山東鉱業株式会社	青島	159、030円
林業		
鴨緑江製紙株式会社	安東	1、979、800円

鴨緑江製材無限公司	安東	250、000円
興林造紙有限公司	吉林	657、441円
豊材股份有限公司	長春	1、250、000円
華森製材公司	吉林	500、000円
工業		
裕元紡績有限公司	天津	750、000元
裕津製革有限公司	天津	500、000元
その他		
青島冷蔵株式会社	青島	2、550、000元
日支鶏蚕公司	東京	61、000円
華興公司	奉天	608、594円
中華滙業銀行	北京	75、000円
益昌碼頭	上海	200、000両
浦口土地共有組合	東京	417、290円
奉天電車株式会社	奉天	250、000円
金福鉄路公司	大連	129、250円
小計		8、626、017円
		6、950、250元

200、000両

・借款

	名称	相手方	投資金額
政府	財政部国庫証券	中国財政部	2、652、434円
	九六公債	中国財政部	5、054、853円
	財政部臨時借款	中国財政部	5、567、708円
個人	喀喇沁王借款	蒙古喀喇沁王	206、281円
	粛親王借款	粛親王	3、378、287円
	奈曼王借款	奈曼王	50、270円
工業	裕元紡績有限公司	天津同公司	2、500、000円
	同上	右同　特融	300、000円
	裕津製革有限公司	天津同公司	62、000元
鉱業	本渓湖煤鉄公司	同公司	2、000、000円
	正豊煤鉱公司	天津同公司	2、203、992円
	順済鉱業公司	上海同公司	2、004、236円
	富楽鉱業公司	江西同公司	246、225円
	大同鉱業合資会社	大阪同会社	278、114円

	永口山借款	湖南省政府	147、905円
林業	濛江林業借款	吉林省林業局	1、796、368円
	豊林股份有限公司	長春同公司	834、904円
小計			23、221、580円
			62、000元

株式投資と借款の合計　31、847、597円
7、012、250元
200、000両

（出典・大倉関係満洲支那投資明細表1928年末、同前所収）

株式投資は一九一一年に始まって、最後は一九二五年、借款は一九二一年から一九二六年の長期にわたっている。投資と借款は円、元、両を合わせると概算ではあるが三九〇〇万円の巨額になる。今日の貨幣価値に換算すると、どれだけの額になるだろうか。数十億いや、数百億？（筆者註、元、両は一円に換算。両は中国の旧式銀貨の単位）

第十二章　文化、教育の理解者としての喜八郎

五大特性

実業之日本社の創立者増田義一が左のように喜八郎の五つの特性をあげている。増田は一八九八年から喜八郎が逝去する一九二八年の三〇年間に自身が発行する経済雑誌『実業之日本』（月刊、後に隔週）で三七〇回、喜八郎に関する記事を掲載している。一九二七年の同社創立三〇周年祝賀会で万歳の音頭を取ったのが喜八郎で、二人はそういう間柄である。

第一、大胆にして細心。
第二、胸中常に余裕あり。
第三、国家的観念の強大。
第四、奮闘努力の権化。
第五、公共心に富む。

いささか褒めすぎという気がしないでもないが、「ウソでしょう」といういわれもない。

増田は公共心の項で、喜八郎の教育、美術、演劇に関する業績と慈善活動をあげている。教育、美術、慈善活動については後述するとして、ここでは演劇について触れる。

一八八九年（明治二十二年）、日本初の大劇場歌舞伎座が設立されて、日本の演劇界は新たな時代に突入したことは、先に触れた。歌舞伎座に遅れること一七年、新たな劇場が誕生する。一九〇六年、渋沢栄一を中心に財界人による創立委員会が設置され、渋沢が委員長、喜八郎は発起人の一人になった。近代興行の確立を標榜し、設計・施工には横河民輔（一八六四～一九四五、横河工務所創設者）が当たった。建坪六四五坪、地下を含めて五階建て。当時としては初めての全階椅子席、ロビー、食堂、喫茶室を備えた、ルネッサンス洋式を模した洋風近代洋式の劇場で、落成は一九一一年（明治四十四年）。

新劇場は株式会社として帝国劇場と命名され、資本金一二〇万円はすべて発起人が持ち合った。社長は渋沢、喜八郎は取締役（八人）に就任。

大谷竹次郎の回想

渋沢が帝劇社長を退いた一九一四年に喜八郎が二代目社長（後に会長）に就任。その当時のことであろう、大谷竹次郎（一八七七～一九六九）がこう回顧している。

「ある時、偶然、帝劇と歌舞伎座が同じ狂言を出すことになった。喜八郎は帝劇の幹部俳優を自宅に招いて食事を共にしながら『今回は図らずも、歌舞伎座と同じ狂言を上演することになったが、もし興行において歌舞伎座に負けるようなことになれば、帝劇の信用は失墜することになるから、帝劇将来のためにも一層の努力をしてもらいたい』と激励」

この話を藤山コンツェルンの創始者で帝劇の取締役でもあった藤山雷太（一八六三～一九三八）から聞いた大谷は驚く。大谷は関西を地盤に興行師として名をあげ、双生児の兄白井松次郎と共に松竹株式会社を創業。関西でも、すでに喜八郎の雷鳴は轟いていたが、演劇に関しては素人で、どうせ名ばかりの社長で金持ちの道楽と高をくくっていた。プロ同士の興行では勝った負けたが刃傷沙汰に及ぶことも珍しくない厳しい世界である。大谷は後にこう記している。「翁の事業から見れば大海の一粟にも足りない、この小事業に、しかも社長として、これまで深く注意せられることは、常人の到底及ばないところで、そこに翁の偉大さがある」

喜八郎と芸事

座席番号入りの切符の販売、前売り、市内切符配達、接客案内制度を初めて取り入れたのは帝劇である。尾上梅幸（六代）、松本幸四郎（七代）、守田勘弥（一三代）らを専属として古典歌舞伎の保存にも力をいれた。付属の技芸学校を設立し、女形の役を女優に演じさせる実験を試みた。森律子は同校の第一期卒業生である。帝劇付属技芸学校のそもそもは川上音二郎が妻で女優の貞奴《さだやっこ》とで始めた帝国女優養成所で、喜八郎は川上一座の支援者でもあった。

尾上梅幸によると、喜八郎は一八、九歳の頃から猿若町の芝居を良く観ていて、その頃の名優の話をすると、物の本で読んだ程度の知識では話し相手にならないほど通じていたという。帝劇に関わってから演劇に興味を持つようになったのではなく、もともと好きだったのである。

子供の頃から、向島の別邸に出入りしていた松本幸四郎は、ある時、「浦島」を歌うから踊れと喜八郎から言われた。幸四郎は長唄の「浦島」と思い立ち上がると、琴の「浦島」で節も唄も、もとより踊りも知らないが出来ないとはいえないので唄の文句に合わせて、冷や汗をかきながら即興で踊った。「さすが職業だ、感心感心！」と褒めてくれたが、「出来ません」と断ると、喜八郎の気性から不興をかいそうで、そういう場合は芸の巧拙は別にして、受けて立つのが芸人だということを気づかされたという。

一九二六年（大正十五年）に守田勘弥が一座を率いて中国に行くことになり、喜八郎のもとに挨拶に出向いた。「結構なことだ。一体、他の職業は何によらず外国と交通しているのに、君らの商売だけがまだ外国と交通していない。言葉が分からず、風俗が異なるというが、感じるものがあるはずだ」と励まされた。「わたしは老公（喜八郎）からこの一言を聞こうとは予期しなかった。まさしく卓見で、常人はそれに気づいておらぬのである」

演劇についてはともかく芝居には素人のはずの喜八郎（この頃は帝劇の会長は辞めていた）から芸人の有り様について指摘されるとは思いもしなかったのであろう。喜八郎は守田に中国各界の名士への紹介状を手渡し、大倉組支店への口添えを約束して出立のはなむけとした。帰国した守田が支那服を着て挨拶に行くと、喜八郎は「帽子を出しなさい、記念にその帽子に翡翠《ひすい》を入れて差し上げよう」と言い、後日、翡翠入りの帽子が届いた。

京劇・梅蘭芳

京劇は「チャイニーズ・オペラ」と英訳されるようにオペラのように歌唱重視の歌劇だが、歌の他にセリフ、踊り、立ち回り、軽業的所作など、あらゆる身体的表現が求められた。京劇は清朝の乾隆帝期（一七三五〜九六）かすぐその後に北京に入り人気を博し、長江流域の安徽、湖北の二つの地方劇と融合、次第に北京化し、今日の形となった。京劇の京は北京を指す。

日本の鎖国時代にも中国演劇は長崎で中国人によって、江戸でも琉球王国の使節団によって上演されており、明治になると横浜などの開港地にも広まったが、あくまでも華僑を対象としたものであった。福地信世《のぶよ》は明治十年代に、横浜の叔父に連れられて中華祭りで支那芝居、多分京劇であろうが観たといっている。

日本人を主対象にしたものは一九一九年の梅蘭芳（一八九四〜一九六一）一行の日本公演が最初で、以来、彼が日中演劇交流の先駆的役割を果たすことになる。梅蘭芳は京劇史上、畢生《ひっせい》の名優とされ、その頃、日本でも知られた中国人が「めいらんふぁん」と中国読みされるのは彼だけだとされるほど、周知され親しまれた。

なぜ梅蘭芳がかくも日本で受け入れられたかは、明治中期に起きた演劇改良運動を具体化した帝国劇場と、その会長で中国に広いネットワークを持つ喜八郎という存在があったことが要因なのは確かだが、喜八郎の他に先駆け的存在があったことを忘れてはならない。福地信世、辻聴花、井上紅梅、波多野乾一、村田烏江《うこう》、龍居松之助ら中国留学体験者である。

福地信世は、演劇改良運動の先駆けで歌舞伎座の発企者である父福地桜痴（本名源一郎）から演劇に関する薫陶を受けたこともあって京劇に興味を持った。信世の本職は演劇とは畑違いの地質学者、採鉱冶金の権威で、中国各地をたびたび調査し、そのつど京劇関係者と交流し日本公演の下地を作ったとされている。余談だが、桜痴が晩年、零落して亡くなった時、喜八郎は霊前に借用書の束をそなえ、線香一本、合掌して去った。束というから相当な額であろうか、すべてなしにした上で、「世の中は狂言綺語《さご》の夢の幕、門左以来居士の引込」と詠んだ。狂言綺語は道理に合わない語、もしくは巧みに飾った語の意味で、門左は近松門左衛門のこと、居士は仕官せずにいる男子で、引込は役者が舞台から退場することで、桜痴の生涯を狂歌で表現するとこういうことになるのであろうか。

日本公演の実現まで

話を戻すと、喜八郎と梅蘭芳との北京での出会いのことは先に触れた。梅蘭芳の最大のブレーンで、彼の舞台の脚本、演出を手掛けた斉如山によると、日本公演を可能にした直接の契機は「帝劇会長の大倉喜八郎の北京訪問、そこでの梅蘭芳との出会いにあった」ことで、梅蘭芳もまた「大倉喜八郎が私の演じた『天女散花』を北京で観て、私の招聘を思い立った」と語っている。

だが梅蘭芳の日本公演を実現するには幾つかの壁があった。一つは高額な費用で、本人の一回の出演料が三〇〇円、それだけではなく一座二〇人地方《じかた》一五人の大所帯だから全体で掛かる費用もバカにならない。また当時の日本では梅蘭芳は何者かという程度の認識しかなく、興行としての成功が危ぶまれたこともある。信世らが作った仲間うちの「洒落様会」で梅蘭芳の宣伝に努めた。

斉は三度の渡欧で西洋演劇を学び、同時に中国には舞踊、音楽がないといった西洋人の誤った認識を改めさせるため、歌舞に重きをおいた戯曲の創作に力を入れた。京劇を「国劇」といわれるまでレベルを高めるには梅蘭芳という存在が不可欠であったとの認識だった。

梅蘭芳が初の外国公演に日本を選んだのは、日本の古典演劇の歌舞伎、能、狂言に興味があったこと、日本人が同じ東洋人として西洋人より京劇を受け入れるのではないかという思いがあったこともある。

公演の評価と天女散花

一九一九年四月二十一日、梅蘭芳一行は北京を発ち、朝鮮半島経由で二十五日に東京に着き、東京と大阪、神戸公演の最終日まで一七日間舞台を務め、五月二十七日、下関から帰国した。梅蘭芳が一公演二〇〇〇円の高額なギャラを要求、帝劇は特等席を一〇円という破格な料金を設定したが、それがかえって話題を呼び、一〇日間公演の予定を二日延長するなど上々の首尾であった。

梅蘭芳が東京公演の五日間に演じたのは天女散花だけであった。日本では一連の公演の出し物は同じなのが当たり前なことから苦情は出なかったが、五日間、帝劇に通った作家久米正雄（一八九一～一九五二）は「大倉男爵の嗜好とかで『天女散花』を五日打つなどは、愚の最も甚だしきもの」と酷評したが、東洋学者内藤湖南（一八六六～一九三四）は「その姿態、舞踊の艶異妖冶なる特色は支那劇の分かると分からぬに論なく、一斉に我邦の観客の魂を奪った」と絶賛。喜八郎が守田勘弥に言った「言葉が分からず、風俗が異なると言うが、感じるものがあるはず」は、まさにこのことなのである。

それから五年が経った一九二四年、梅蘭芳の二度目の日本公演が実現。東京の帝劇、兵庫の宝塚大劇場、京都の岡崎公会堂で上演。帝劇一五日間の最初の四日間は喜八郎の米寿を祝う貸し切り公演だった。

高村光雲と喜八郎

彫刻家の高村光雲（一八五二～一九三四）は喜八郎から木彫の像を作って欲しいと頼まれて赤坂葵町の本邸を訪ねた。初見の印象は「美男ではないが豪傑の相である。同じ豪傑でも信長でなし、家康でもない、たしかに秀吉である」

なぜ秀吉なのかは分からない。製作の話になって、喜八郎はこう言った。

「はたのものは出来上がったものを見て、やれシワが違うの、顔のクセが異なっているなどとうるさいことを言う。いろいろ注文をつける。しかし、私はそういうことはどうでもよいのです。ただ私の希望は、明治から大正にかけて、大倉という実業家があったということがわかりさえすればいいのです。決して瓜二つに、寸分ちがわずとこしらえなくてもいい。ザックリやって貰いたい」

「まさに製作者の急所をついた一言で、実際そう言われると、つまらぬ大倉はつくれない。思うに大人《たいじん》の言われた意味は『大倉の顔よりも心をうつせ、気をうつせ』という意味である」と光雲は受け取った。

しかし作品が完成した一年後に、喜八郎は死んだ。

美醜は別にして、喜八郎の顔貌は光雲の創作意欲を駆りてるに十分だった。これは筆者の勝手な想像だが、顔貌から推して喜八郎は響く声をしていたのではないだろうか。

一中節

筆者は一中節を聴いたことがない。浄瑠璃の一種という程度の知識しかない。喜八郎は一中節の存続復興に尽力し、その功績で三つある派のうちの都派の家元に祭り上げられた。感涙会は盛り上がったところで喜八郎が登場し、得意の一中節を披瀝するのが恒例である。しかしかならずしも受けたわけではない。「大倉喜八郎とも縁の深い一中節は、その無限の味わいに到達するには、聞き手が訓練を経た人でないとならないと評される」（一九一三年十月十一日の朝日新聞）「せっかく出かかった涙が引っ込んでしまった」（一九一六年四月十六日の朝日新聞）、「ようやく無事に一段が終わると拍手急散。『そんなに御意にめしたらもう一段やりましょうか』と宣言し、満場辟易。高島小金治夫人の鶴子はこそこそ逃げ出す」

（一九一八年四月の実業之日本）。喜八郎の没後、喜七郎が家元を継がされそうになったとき、喜八郎の妻徳子は「一中節は一代でたくさん。毎日聞かされる嫁が可哀そうです」と止めたとか。

喜八郎は長寿の秘訣を問われて「脱俗した洒落っ気を以て暮らす事」をあげている。洒落っ気とは「気の利いた言動で、人を感心させたり、愉快にさせたりすること」と語っており、本人は傍がどう思うかの頓着はなく、もはやとやかく言うことはない。一中節は喜八郎の健康法であったのだ。

狂歌

喜八郎が生まれ育った新発田は、漢詩、和歌、俳諧が盛んだったが、一一代藩主溝口直溥《なおひろ》（一八三八〜一八六七）は狂歌を好み、江戸の風流人と狂歌の会を催し、狂歌の板木をおこし同好の者に分けていた。喜八郎が狂歌を始めたのは一四歳のときで、師匠は林吉六といい、林は狂歌の他に書も能くし、学塾の師範の経歴もあった。入門二年後ぐらいから、喜八郎は和歌廼《の》屋鶴彦と称し、江戸の狂歌本に投稿し、狂歌仲間との交流があったとされている。喜八郎が江戸に出てから師と仰いだ檜園梅明は、鉄砲商に見習いに入った時の証人になった小島屋忠兵衛で、檜園梅明は忠兵衛の雅号。

狂歌は諧謔を主とし滑稽な趣を詠み込んだ短歌で、万葉集の戯笑歌、古今和歌集の誹諧歌などの系統に属し、各時代にわたって行なわれたが、江戸の中期頃に大流行を見た。明治の狂歌は和歌の規格を墨守する興歌派と、語格文法などに深く拘泥せず滑稽、諧謔を旨とする純狂歌派とに大別され、喜八郎は後者に属した。

死ぬまで狂歌を詠んだ喜八郎の狂歌歴は八〇年に及ぶ。彼が生涯で詠んだ狂歌のうち七四二首が、一九二四年（大正一三年）に『狂歌鶴彦集』として刊行された。幸田露伴が序文を書いたのはこの歌集である。露伴は狂歌好きの集まり「面白会」の同人で、露伴が幹事となって古今の狂歌、江戸時代の狂歌師の伝記逸話を調べて、月刊誌を発行するほどの熱の入りようで、会員一六四人に配布。おそらくスポンサーは喜八郎であったろう。

余談になるが、教育者でありながら、社交界の華とうたわれ歌人としても名高い下田歌子（一八五四～一九三六）は「一体、歌はつくるものではなく、ただありのままにうたうべきものですから、そういう意味では大倉さんの歌は、むしろ歌の第一義にかなっているものでしょう」と、たぶんにヨイショの意味合いもあるが、それなりに認めている。

ジャーナリストで政治家でもある下村海南（一八八四～一九五七）は短歌をよくしたが「海南の歌に遠慮会釈なく筆を入れた。それも筆者を接待した席上の話で、おまけにご親切にも例の本阿弥光悦の流儀なのだそうだが、馬鹿に毛先の長いひょろひょろした筆で鰻ののたくっているような形で色紙へ書き付けた」とぼやく。これは不作法というべきか稚気というべきか。

しかし一中節には後継者はいなかったが、狂歌は門野重九郎が跡を継ぎ、二世和歌迺舎鶴彦を号とした。

神仏分離

江戸時代末期、神道、儒教の学者が神国思想を鼓舞するあまり、寺院や仏像の破壊が行なわれた。そして維新直後に政府が執った神仏分離政策によって拍車がかかり、多くの仏像、経巻、仏具が遺棄された。もともと仏像が好きだった喜八郎は一八七八年（明治十一年）頃から古物屋の店頭で埃をかぶっている仏像を見るに忍びず、あるいは貴重な文化財が海外に流出するのを惜しみ、買い集めた。そのうち中国、朝鮮のものも集め、仏教学者の河口慧海《えかい》（一八六六〜一九四五）を通じてインド、チベットのものも入手するようになった。喜八郎は河口のスポンサーでもあった。さらに仏画も集めるようになり、本邸はさながら美術館の様相を呈するようになった。ある時、福沢諭吉が訪ねて来て「こういうものは寺にあってこそ価値のあるものだろう」と言うので「寺から放り出されたものを買い取ったので、戻したらまた売りに出される」と言うと福沢は大笑いした。

日本初の私立美術館・大倉集古館

あまりにも多くなり過ぎて、自宅に置くにはスペース的にも限界があり、個人が所有するより公共のものとするほうが良いと考えるようになった喜八郎は、渋沢、石黒ら長年の知友と相談した結果、文部省に美術館の設立を申請、一九一七年八月認可が下りると、赤坂葵町の本宅に隣接して美術館を建設。所持する美術品のすべてと維持管理費として五〇万円を寄

大倉集古館

贈。翌年の五月、朝野の名士一〇〇〇人を招いて華々しく開館。財団法人としての日本初の私立美術館「大倉集古館」が誕生した。理事長に阪谷芳郎（一八六三〜一九四一）、館長に今泉勇作（一八五〇〜一九三一）を迎え、喜八郎は理事になったが、経営、管理には一切関与しなかった。阪谷は蔵相、東京市長などを歴任した政治家。今泉は美術教育家で岡倉天心らと東京美術学校の創立に尽力、帝国博物館美術部長を長らく務めた。

寄贈された品は、①仏教諸国の各種仏教式彫像・画像と中国の道教式彫像、②日本の蒔絵品、③中国の堆朱《ついしゅ》器、④中国の広博陶俑・石仏・古銅器等、美術品三六九二点、書籍一万五六〇〇冊。土地四八二五坪、建物一〇六三坪に煉瓦造りの一、三号館、木造二号館、朝鮮館と付属建物。

余談だが、喜八郎は骨董屋の言い値で買うことはなかったが、値切ることもしなかった。自分で値をつけ、それが骨董屋の思惑、相場より高くても買った。骨董屋が喜八郎のつけた値段で売るのが嫌で、方々を回ったが売れないで戻った場合も値切らず、最初に自分がつけた値で買った。喜八郎の鑑識眼というよりも、何事を問わず信念の問題であろう。

関東大震災

一九二三年九月一日、関東を大地震が襲った。関東大震災である。集古館には防火施設があったが水道破壊で役に立たず書画館と倉庫を残して焼失。損害は二〇〇〇万円と推定された。

しかし喜八郎はめげなかった。震災の翌月には理事会を招集し集古館の再興を告げる。幸い書画二〇〇点、能衣装小道具二〇〇余点、古器物一〇〇点余、唐本一万冊、浄瑠璃本四五〇部余は無事であった。

被災を免れた主なものは木彫普賢菩薩騎象像（時価五〇万円、国宝）、扇面蒔絵手箱（鎌倉時代）、蒔絵（時価三五万円）、法蓮上人木造、江戸時代の蒔絵書棚、野々村宗達筆六曲屏風・高蒔絵文台・高蒔絵科紙硯箱、中国古青甕の砧手香炉、中国宋時代の木彫観世音菩薩、朝鮮李朝時代の乾漆観世音菩薩像、チベット、シャムなどの金銅仏像数軀、日本の太刀剣五〇余振り。

喜八郎は復興集古館の設計を伊東忠太（一八六七〜一九五四）に依頼。施工は大倉土木。個人として再建資金二〇万円を寄贈、翌年三〇万円を追加。伊東は日本建築史の嚆矢となる

「法隆寺建築論」を発表。以後、日本建築史の体系化に務めた人として知られ、平安神宮、明治神宮神殿、震災記念館（現東京都慰霊堂）、築地本願寺本堂などの設計を手掛けた、日本を代表する建築家で、京都の祇園閣、護国寺の喜八郎夫妻の墓所の設計も伊東である。

一九二七年竣工。コンクリート造りの中国風建物、屋根は鉄骨銅葺き、窓は鋼鉄製、本館、別館、廊下を併せて三二七・五坪、被災を免れた美術品二六〇〇余点、漢籍一万五〇〇〇余冊を収録。再開館は喜八郎没年の一九二八年一〇月で、喜八郎は再建成った集古館を見ることはなかった。

第二次世界大戦の空襲は難を免れ、一九五三年、東京都教育委員会から博物館に認定された。一九六〇年、財団法人大倉文化財団の認定を受け、博物館の名称を大倉集古館とした。その後、二度の改装工事が行なわれたが、二〇一四年、大改造を行なうため休館。二〇一九年九月に再開館されることになっている。

商人を育てる

一八九八年（明治三十一年）の頃、喜八郎は石黒忠悳（一八四五〜一九四一）を訪ね、ある事の相談を持ちかけた。

「これから外国との商戦が激しい時代になるが、今の日本商人の知識では太刀打ちできない。そこで商業学校を作って、知識のある商人を育成したいと思う」

石黒は医者で、陸軍軍医総監、陸軍省医務局長等を歴任。商売とは無縁の人である。

「あなたとは実業では関係がなく、同郷の知人として尊敬しており、こういうことを相談するには一番よいと思うからで、何とか知恵と力を貸してもらいたい」

喜八郎は学校設立の他、公共のための費用五〇万円を用意しているという。石黒は「商業のことも学校のことも、まったくの素人だが、あなたの公共に尽くしたいという気持ちはよくわかった。微力ながらお手伝いしましょう」と承諾。

さて金の心配はないが、用地の確保に難儀する。幸い赤坂の本邸に隣接するところに適当な空き地があり持主を調べると内務省と分かり、払い下げを願い出たところ、警察練習所と税務署の用地として決まっているので許可出来ぬとのこと。そこで内務大臣の板垣退助に改めて願い出たが「代替え地があれば」とのことで、八方手を回して代替え地を見つけて払い下げが決まったが、今度は大倉喜八郎がからんでいるということで持主が値をふっかけてきた。商売とは関係なく、学校を建てるのだからといってどうにか説き伏せた。

ところが喜八郎が別の要件で伊藤博文を向島の別邸に招いた折、学校の建設用地のことを話したら、「そんなことなら、なぜオレに最初に言わないか」とのこと。最初から伊藤を通しておれば何事もなく決まった話なのである。なにしろ時の総理だ。つまり石黒の努力は徒労であったということである。

東京初の甲種私立商業学校

一八九八年、喜八郎は商業学校設立の協議員を石黒、渋沢栄一、渡辺洪基、穂積陳重《のぶしげ》（法

律家、学士院院長）、小山健三（高等商業学校校長、後の一橋大学）、末松謙澄《けんちょう》（政治家、日露戦争の時は始めから終わりまでヨーロッパに在って外交面で貢献）に委嘱。名称を大倉商業学校とし財団法人として申請することとし、第一回の協議員会で督長（校長）を渡辺に依頼、渡辺は就任を承諾した。

一八九九年一月に校舎建築に着手。石造り煉瓦、二階建てである。翌年八月十五日、落成。二十日、開校式が行なわれた。東京初の甲種私立商業学校（現東京経済大学の前身）の誕生である。九月一日に授業開始。予科二年、本科四年。翌年には夜学専修科を付設。受験資格を高等小学校二年修了者とした。それまで教育を受ける機会がなく、早くから世に出て働く若者たちに門戸を開いたのである。ところが希望者が殺到し定員一〇〇人のところが、合格者が二〇〇人となり、本科の一五〇人を上回った。

喜八郎は入学式など折に触れて、学生に商人の心得として、次の四ヵ条を説いた。

第一、正直であらねばならぬ。正直は商売の資本である。
第二、進取の観念。日本人はこの点において西洋人に比べて著しく欠ける。
第三、義務を果たす根性。一度約束したことは印紙を貼った証文と同じである。
第四、辛抱即ち忍耐。いかなる苦痛も耐えておれば、いつか成功が迎えに来る。

一九一九年（大正八年）、専門学校への組織変更が認可され、大倉高等商業学校に昇格、一九四四年（昭和十九年）、大倉経済専門学校と改称。四五年、空襲で校舎の大半を焼失。四六年、赤坂の旧敷地と引き換えに国分寺にあった大倉系の中央工業の土地を取得し移転。

大倉商業学校

四九年、新制大学として東京経済大学が設立され、今日に至る。

またまた余談になるが、自然主義作家として知られ、女性問題でしばしば世間を騒がせた岩野泡《ほう》鳴《めい》（一八七三～一九二〇）は一九〇二年から一九〇八年まで大倉商業学校の、今でいう非常勤講師を務めた。岩野の代表作『耽溺』にも当時のことが出てくる。筆者は読んではいないが。また一九六五年に文化勲章を受章した日本画家の山口蓬春（一八九三～一九七一）は一九〇七（明治四十年）に大倉商業に入学、卒業間際に中退して中学校に転向、東京美術学校（東京芸大の前身）に入学して美術の道に進んだが、大倉とは不思議な縁があった。一九三〇年（昭和五年）、大倉喜七郎の全面的支援で横山大観を始め日本画家の作品を集め、ローマで「日本美術展覧会」を大々的に開催した際、山口の絵も二点取り上げられた。後年、蓬春の春子夫人の一文「思い出を語る」の中で

大阪大倉商業学校

「それから一ヵ月位のうちにお礼をいただきました。これは正に地獄に仏に会った感がしました」と書いている。蓬春は好川霊華の木彫りの獅子対を買ってその支払いのあてがなく思案に暮れていた時であった。絵が売れたことで急場をしのげたというのである。

大阪大倉商業学校と善隣商業学校

一九〇六年（明治三十九年）、喜八郎の古希を祝う園遊会が開かれ、その席で石黒が東京に続いて大阪、韓国の京城（現ソウル）に商業学校を創設すると発表。翌年四月に大阪大倉商業学校（現在の関西大倉学園の前身）、善隣商業学校（現在の善隣インターネット高校の前身）が設立されることになった。

大阪大倉商業学校は小山健三を理事長として財団法人を設立、安場禎次郎が校長に就任し、〇七年に開校。当初は予科二年、本科三年であったが、

京城善隣商業学校

一二年には夜学専修科を設置。二五年には予科・本科の別を廃し、修業年数を五ヵ年とし、それまでの卒業生は約二〇〇〇人に達した。四五年、戦災により校舎は全焼。四八年、関西大倉高等学校、関西大倉中学校として新たにスタート、今日に至っている。

喜八郎は開校式の挨拶をこう締めくくった。

「事業に取り掛かったら、兵士が戦場に臨んだのと同じである。戦場には必ず敵がいる。その敵は懶惰《らんだ》（怠けること）である。その敵に打ち勝って、初めて成功が得られる」

一八九五年（明治二十八年）、教育立国をめざした朝鮮の高宗皇帝は詔書を公布。官立農商工学校を始めとして各地に相当数の官立学校が設立された。しかし一九〇五年（明治三十八年）、日韓保護条約によって韓国国内の行政、すべての分野において日本が実権を掌握したことで学校の再編が行なわれ、官立農商工学校は三つの学校に分かれた。商科は私立善隣商業学校、農科は官立水原農林学校（現ソウル大学農科大の前身）、工科は官立工業伝習所（現ソウル大学工科大の前身）となった。

一九〇五年（明治三十八年）、初代の韓国統監に就任した伊藤博文が赴任するにあたって、喜八郎に「何か韓国のためになることをしてくれないか」との話を持ち掛けたところ、喜八郎は即座に「実業を盛んにしなければなりません。それには商人を育てることで商業学校を作りましょう」と答えた。日本の実業家として朝鮮一番乗りを果たした喜八郎は、韓国人は学問には熱心だが、ともすれば商いを軽んじる風潮があり、商売についてははなはだ心もとないことに、常々危惧を抱いていた。

一九〇六年、喜八郎は自身の古稀を記念して、韓国政府に韓国人の商業教育のための二〇万円を寄付、これを基に韓国財団法人・善隣商業学校が設立された。善隣と命名したのは伊藤で、財団の理事長には韓国銀行総裁市原盛宏（一八五八～一九一六）が就任。市原は一八九九年に第一銀行に入社。一九〇二年、渋沢に随行して欧米視察。〇六年に第一銀行取締役韓国支店総支配人となり、〇四年に韓国銀行が設立されると初代総裁に就任。一一年に韓国銀行は朝鮮銀行と改称したが、以後も朝鮮銀行の総裁が財団理事長を兼任するのが習わしとなった。喜八郎は理事に就任。

〇八年十一月の開校式に統監伊藤、副統監曾禰荒助が参列。喜八郎には財団設立の功績から韓国皇帝から勲章が贈られた。伊藤は「教育を孕みて建てる学び屋は、有為の士をも産み出すらむ」と詠むと、喜八郎は「はからずも今宵誉れを担いける肩に八掛章」と返歌、伊藤は面白いといって「大倉にあまれる金の光をば、韓国までもかかやかしけれ」と詠み返した。

しかし前途は容易ではなかった。最大の難題は日本の韓国支配、皇民化政策に対する韓国学生の反発であった。

一三年、日本人学生の入学を受け入れ、それを一部とし、韓国人学生を二部と称したことに、韓国人学生が「差別是正」を要求してストライキ、全員が退学願いを提出する騒動に発展。

一八年、韓民族に対する恥辱的な歴史歪曲の是正を要求して韓国人学生がスト。韓国人全校生が独立運動に参加。

二二年、韓国人学生に軍事訓練実施。

二九年、光州学生事件に呼応して韓国人全校生が蜂起。

だが悪いことばかりではなく、日韓共学は文化、スポーツで実った。二五年、バレーボールの朝鮮神宮大会で優勝、バスケットボールの全朝鮮中学校大会で優勝。三三年、野球の甲子園大会に朝鮮代表として出場。三七年、京城中等テニス大会で優勝。四〇年、朝鮮珠算競技会で優勝。

古賀政男と江田三郎

三六年、作曲家古賀政男が応援歌作曲のため同校を訪れている。

ちなみに古賀、そして昭和初期の農民運動家で、政治家に転向して日本社会党に入党、浅沼稲次郎と共に安保闘争を指導した江田三郎は同校の卒業生だ。

古賀は卒業後、名古屋の商店に務めたが、学問への志向やみがたく苦学の末、明治大学に入学。マンドリン・クラブに入りリーダー格となり、卒業後、作曲の道に入る。「酒は涙かため息か」「影を慕いて」「湯の町エレジー」は今なお歌い続けられている日本の歌謡曲を代表する名曲だ。少年期を京城で過ごした古賀は、朝鮮の労働者が口ずさむ民謡などに親しんだとされ、哀調を帯びた古賀メロディーは朝鮮民謡の影響とされている。

銅像のその後

喜八郎が二七年に創立三〇周年記念式と自身の銅像除幕式のために同校を訪れたことは、先に触れた。その後の銅像のことである。『善隣八十年史』によると、第二次世界大戦の最中の一九四四年、軍の命令で銅像は献納することになった。日本中の鉄、銅などの金属製品が徴発され軍用に転用された時代である。

「講堂の横に立つ銅像は善隣学生の憩いの場であった。応援の練習の時は、学生たちは銅像の周りに座って、力一杯声高く応援歌を歌った。銅像を取壊す際、簡単だが式がとり行なわれた。銅像の肩から背中に白布を巻き、去り行く銅像を送り出し、学生数十人が同行、朝鮮地域の海軍司令官の官舎で行なわれた献納式が終了するまで、学生たちは黙々と銅像を見つめていた」

一九四五年の敗戦で日本人教師全員が辞職。それはすなわち学校財団からの撤退であり、大倉善隣学校の終焉でもあった。学校運営上の経済的基盤を失い、再建の道のりは厳しかったが、それまで関わってきた朝鮮人教師、卒業生らによって再建に懸命な努力が続いた。四六年の火災で講堂の一部を残して本館が全焼した際は、韓国大学に貸与していた講堂を返してもらい、間仕切りをして授業を続けた。しかし日本人が運営してきた学校だから、日本が負けた今、国家の帰属財産となるべきであるという公論から四七年、公立校として再発足することとなった。

なお、四六年の火災で焼失した時計塔が七一年に再建されると知った古賀政男（第一五回卒業生）は、大型壁時計三個、標準時計一個、スピーカー三個、アンプ、変圧器、マスター時計各一個など一〇〇万円相当の備品と工事費として六〇万円を寄付した。

喜八郎の蒔《ま》いた種は古賀政男に引き継がれ、見事な花実をつけたというべきであろう。

安田善次郎と喜八郎

三井、三菱、住友に継ぐ四大財閥・安田財閥を一代で築いた安田善次郎（一九三八〜一九二一）は吝嗇《りんしょく》家で通っていた。座右の銘は「至誠勤倹」、ムダな金は使わない主義で公益事業にも関心を払わない。それの度が過ぎたことで買わずともよい恨みを買い、一九二一年（大正十年）、右翼の浪人に刺殺された。刺した男、朝日平吾はその場で自殺したが、手にしていた斬奸《ざんかん》状は次のような趣旨であった。「奸富みだりに私欲に眩惑し、不正と虚偽の辣腕を揮《ふる》って巨財を収集し、なんら社会公共慈善事業を顧みず……ここに天に代わってこれを誅す」

ケチ故、殺されたということである。安田は拝金主義者ではあったが、金の使い方を知らなかったわけではない。謂《いわ》れのない寄付行為はしなかっただけのことである。安田は死ぬ前年に東京帝国大学からの強い要望に応じて大講堂の建設資金一〇〇万円を寄付する約束をしていた。襲われる少し前に社会事業の助成を目的とした「財団法人安田修徳会（基金三〇〇万円）」を設立していた。遺言状には東京市へ三〇〇万円を寄付する条項があった。遺族は「家屋敷をすべて東京市に寄付したい」という話も聞いていた。

しかし気前よく派手に寄付をしていた大倉喜八郎のことは、今、ほとんど忘れられ、ケチだが、東大の安田講堂、日比谷公会堂が現存することで安田善次郎の名が知られているのは皮肉としかいいようがない。

安田善次郎

善公《ぜんこう》と喜八《きっぱ》

昔のことだが、安田善次郎と大倉喜八郎は藩閥などのコネなどなしに実力だけで大成功した実業界の二大巨星とされていた。既刊の伝記などでは二人は同じ時代に丁稚として過ごし「善公《ぜんこう》」、「喜八《きっぱ》」と呼び合う仲だったとされているが、これは事実ではない。安田が奉公し

ていた両替店は両替の他に乾物なども扱っていた。喜八郎が働いていた中川鰹節店は両替もしており、二人が出会ったのは両替商の集いであったと思われる。安田が幼名の岩次郎を善次郎と改名したのは独立した一八六四年（元治元年）、二七歳のときで、喜八郎が幼名の鶴吉を喜八に改めたのは一八五七年（安政四年）に独立してからのことで、「善公」「喜八」は、あり得ないことである。

それはともかくとして、その後の二人はまったく別の道を歩む。善次郎は銀行一筋で喜八郎は生涯銀行業には手を出さなかった。「銀行は預かった金はいつでも取られ（自由に引き出され）、貸した金はすぐに取り戻せない、割が悪い商売だ」とも「実業家の大倉が借金をして仕事しながら、その一方で金貸しなど出来るか」。喜八郎の銀行嫌いは終生、変わることはなかった。喜八郎が銀行をやらなかったことを高橋是清は「非常な見識である」と評価。「外国の銀行は二種類ある。一つは預金吸収を目的とし、他は預金の運用を目的とする。支店を置くにしても、それぞれの目的に沿った地方に開設する。ところが日本の銀行は徹頭徹尾、預金吸収で、預かった金を自分の事業に融資することが多い。多くの銀行はこれで失敗した」

喜八郎は台湾銀行の設立に関与し、北海道拓殖銀行、日本勧業銀行、日本興業銀行、農工銀行などの監査役、相談役などに就任するなど多くの銀行に関わったが自身の銀行を持つことはなかった。

第二次世界大戦で日本は敗れた。一九四七年に始まったＧＨＱによる、持株会社の解散、いわゆる財閥解体で三井、三菱、住友、安田、大倉、浅野ら八三の持株会社が解体・整理され、財閥家族五六名の保有有価証券が取り上げられた。財閥解体はアメリカの占領政策の一環であった。しかし米ソの冷戦が決定的となって、アメリカの占領政策も変わり、一九五〇年代から旧財閥を中心とする企業グループ再編が銀行を中心に進んだが、銀行を持たなかった大倉系企業の多くが旧安田銀行の富士銀行の系列に入った。「善公」が「喜八」を飲み込んだのである。

真の慈善とは

喜八郎は慈善事業に強い関心を持ち、生涯でさまざまな慈善事業、社会事業に関わってきた。そうした面の助言者、相談者として、長く関わってきた石黒忠悳によると、喜八郎が公益事業に投じた金は一五〇〇万円（一説には二〇〇〇万円）を超えるという。今日の貨幣価値に換算したらいくらになるか。

喜八郎には寄付を求める声が多く寄せられたが、喜八郎には彼なりの規律があって意に反する話はきっぱりと断った。

「真の慈善は貧しい人に金を与えるのではなく、独立して生活できるようにすることで、それには教育が必要で、即ち青年を教育することにある。ただ金を与えるのは惰民を生むだけで、それは慈善とはいえない」

喜八郎が学校を設立し、教育に情熱を注いだのにはそういった背景がある。喜八郎が東京、大阪の大倉商業学校、京城の善隣商業学校に投じた金額は一〇〇万円を下らないとされている。

恩賜財団法人済生会

一九一〇年（明治四十三年）、天皇が生活困窮者への救済施設の資金としてお手元金から一五〇万円を下賜され、それを基金として恩賜財団済生会が設立されることになった。明けて一一年、首相桂太郎は六大都市の富豪有志約二〇〇人を首相官邸に招待し、恩賜財団設立の趣旨を述べて賛同を求め、それぞれの都市に寄付金募集のための世話人を置くことになり、喜八郎は東京の世話人二〇人の一人になった。ところが肝心の寄金が思うように集まらない。天下の三井、三菱がなかなか額を提示しないから他も言い出せない。心配になった桂が石黒を呼んだ。

「どうやら三井も三菱も、二五万か三〇万のようだ。それでは大御心《おおみこころ》にたいしてもうしわけない。貴君から大倉に話してくれないか、彼が五〇万円と言えば、三井、三菱も五〇万円出さざるを得ないだろう」

石黒が桂の意を喜八郎に伝えると、「こういうのはすべて断ってきた。生活困窮者救済というのは、私の主義に合わない。しかし大御心の御意志とあれば仕方ありません、一〇〇万円出しましょう。私が一〇〇万円出せば三井も三菱もそれを下回る金は出せないでしょう」

結果はその通りになったが、喜八郎の一〇〇万円は一括ではなく一〇万円の一〇年年賦となった。

恩賜財団済生会の初代総裁には伏見宮貞愛《さだなる》親王、会長には桂が、山県有朋、大山巌、松方正義、西園寺公望、黒田清隆、井上馨、西郷縦道の元老が揃って役員に就任。監事五人に選ばれた喜八郎は死ぬまで監事を務め、死後は喜七郎が継いだ。

済生会は今日も存続し、東京・三田に本部を置き、全国四〇都道府県に病院、福祉施設を持つ。

夜寝るときは、知恵袋を棚にあげて、馬鹿袋をかぶって寝る

喜八郎は九二歳で人生を終えた。調査年次一八九一〜一八九八年間の日本人の平均寿命は男四二・八歳、女四四・三歳で平均の倍以上生きたことになる。八九歳の時、雑誌記者に「長寿の秘訣」を聞かれて「夜寝るときは、知恵袋を棚にあげて、馬鹿袋をかぶって寝る」と答えた。要するに安眠こそが長寿の秘訣というのだ。ストレス社会の今日にもいえることである。

喜八郎は健康を保つには「人生を楽観し、日々を愉快に過ごすこと」を第一義とした。誰しもそうしたいと思っているが、簡単なことではない。喜八郎は「己の従事する業務に極めて真面目に、あらん限りの知恵を絞り、一寸の光陰を惜しんで粉骨努力する。その結果、人間は必ず疲労する。疲労した時は心身を休養せよ」というが、そんな時が馬鹿袋の出番である。喜八郎は「脱俗して洒落っ気を以て暮らすこと」ともいっている。要するに時には仕事を離れて、思い切って己を開放せよということなのだが、あくまでも仕事に打ち込んでこその開放で、中途半端では効果がないのは断るまでもない。

ある雑誌に喜八郎の日常のことが載っている。「止むを得ざるとき以外は家人は起こさず七時間睡眠が決まり、健康、気分の良い時は毎朝入浴、入浴後は葉巻か敷島（タバコの銘柄）をふかして盆栽を眺めながら邸内散歩一五分、食べ物は消化のよいものに注意して牛乳、鶏卵は欠かさない。午前十時前後に馬車で銀座に出勤し午後五時に帰宅、土日は向島の別邸で閑日月を楽しみ清宴客を迎える。酒は好きだが少壮時代から暴飲の経験はない」

七三歳の時、趣味についてアンケートを求められ、一中節、狂歌、書画骨董、美術品の鑑賞、文人墨客との交わりをあげている。

エピローグ　「バロン・オークラ」大倉喜七郎

「バロン」と呼ばれて

一九二七年（昭和二年）、喜八郎は引退し家督を嫡子喜七郎（一八八二～一九六三）に譲った。喜七郎は大倉の中核企業の合名大倉組の頭取、大倉鉱業の会長に就任し、喜八郎が関わっていた帝国ホテル、大日本麦酒、東京電燈、日清製油、日本製靴、日本皮革等の役職、事業を継いだ。

定められていたこととはいえ、いきなり三井、三菱、住友、安田に次ぐ大倉財閥の総帥となった喜七郎の胸中はどうであったろうか。

「腕一本でやってきた創業者のやり方をそのまま経験のない二代目がやれば必ず失敗するので、質素に基礎を固め、従業員の身になり、安定をはかることを第一義とし、だいたい消極的方針をとる。内地事業はいっさい消極的にやり、その余力で対中事業に尽力する」と、どこまでも謙虚である。また父・喜八郎については「意志堅固で他人の世話にならない根本主

留学先のイギリスから帰国した直後の喜七郎（持田鋼一郎氏所蔵）

義が身体にしみわたっていること、見切りのよいこと。事業では忍耐強く粘り強くどこまでもグングン進む力は強いが、断然見切るべきときは直ちに退却の準備にかかり、さっさと商売の始末をつけてきちんとして引き上げる。この二つの使い分けは我々青年には出来ない」とあっさりカブトを脱いでいる。父を凌駕しようなどとは夢々思っていない。

では父・大倉喜八郎の業績を損なわないよう汲々として生きたかというとそうではなかった。大倉粂馬、門野重九郎らの存在もあったであろうが、満洲事変、盧溝橋事件、日中戦争の拡大、太平洋戦争への突入という難しい時代にも拘《かか》わらず、事業は破綻することなく継続、維持されただけでなく、持って生まれた資質というほかないが、人が羨むほど自由闊達に生きた。

人々は喜七郎を「バロン（男爵）・オークラ」と呼んだ。派手好みではあったが、気さくで気前が良くて、教育、絵画、音楽、文学など文化に興味を示しただけでなく、囲碁、尺八、ゴルフ、自動車など趣味の分野に於いても多彩な才芸を発揮し、日本屈指の趣味人として華麗な人生を送った。

人生を変えたイギリス留学

御曹司に相応《ふさわ》しく、その経歴は華麗であった。学習院、慶応義塾幼稚舎、慶応義塾普通部に通う。一九〇〇年（明治三十三年）に喜八郎・徳子夫妻と共に渡欧。パリ万国博覧会に参加した後、イギリスに渡る。ケンブリッジ大学に入学するために予備校に通い、〇三年にケンブリッジ大学トリニティ・カレッジに合格。一九〇七年に帰国するまでをイギリスで過ごした七年間が、その後の喜七郎の生き方を決定づけたといっても過言ではない。

カレッジの先輩にロールス・ロイスの創業者チャールス・ロールスがいて、彼の知遇を得たことで自動車に興味を持つようになった喜七郎は、帰国する年の七月、ブルックリンのカーレース場でチャンピオンシップをかけたレースに出場した。それまでの自動車レースは路上で行なわれるのが常で、レース場で行なわれるのは世界初という記念すべきレースで喜七郎は二位に輝いた。運転だけでなくメカニックもマスターし、イタリアで購入した創業直後のFIAT社の車を土産として持ち帰り、外車輸入販売の老舗、株式会社ヤナセ（創業一九一五年）に先んじて日本初の自動車専門の輸入会社を創立した。またイギリスの名門ボートクラブ、アンダークラブの日本人初の会員となりレースにも出場した。

左から喜八郎、徳子、喜七郎。1900年にロンドンで撮影

ある時、スコットランドにある著名なリゾートホテルのグレンイーグルホテルに滞在した。そこはイギリスの貴族ら上流階級が使用するホテルで、自然との調和を重んじた環境の中にゴルフ場、乗馬、テニス、フィッシング、プールなどの施設を備えた豪華にして優雅なたたずまいに喜七郎は強い感銘を受けた。

イギリスでの七年間は喜七郎にとって実りの多い七年であった。ヨーロッパの文化、伝統、風習を吸収した喜七郎は実業家として進むべき方向を見出したのではなかろうか。帰国した喜七郎は人が楽しむ施設を提供する、今日でいうレジャー産業に傾注する。そこは父・喜八郎の視野にはなかった分野で、一つ足りないといわれた足りない一つを補うにはこれしかないと思ったかどうかはともかく、その結果が川奈ゴルフ場とホテル、上高地帝国ホテル、赤倉観光ホテル、大倉山シャンツェ、ホテルオークラにつながる。今日、オークラから浮かぶ名は喜八郎ではなく、むしろ一つ足りない喜七郎で、あの世の喜八郎は「セガレ、でかした」と喜んでいるのではないか。

帰国した喜七郎が、まず手掛けた川奈ゴルフ場とホテルについては先に触れたが、補足すれば当時、世界的に知られた雑誌『ツーリスト』に「自然との調和を重んじたコースの理想的な設計は東洋のリビエラに匹敵する」として紹介されるなど、一躍、世間の脚光を浴びた。リビエラはイタリア北西部にある世界的に有名な海浜保養地。

藤原義江、福田蘭堂

一九二二年、帝国ホテルを本拠とするオーケストラ「東京シンホニー管弦楽団」を結成。日本人作曲家による作曲オーディションへの出資、オペラ歌手藤原義江の支援、バレエ団「川奈歌劇団」の結成など、日本における西洋音楽や舞踊の普及に尽力。一九三〇年にローマで開催された日本美術展覧会は、既述したように、喜七郎が出品作品を

喜七郎の運転する車に同乗する（後列左から）韓国皇太子李垠、有栖川宮、伊藤博文

総て買い上げたことで多くの作家が恩恵に浴した。一九三三年には伝統的な三味線音楽に洋楽の理念を取り入れた大和楽を提唱。三五年には尺八にフルートのキーシステムを取り入れた新楽器オークラロウを考案、製作。本人も尺八の名手といわれたが、鬼才とうたわれた尺八演奏家福田蘭童の後援者でもあった。蘭童は喜七郎を生涯の恩人と言っている。

日本ペンクラブ、日本棋院

一九三五年に島崎藤村を会長に日本ペンクラブが設立された。日本ペンクラブは親欧米集団とみなされて陸軍から睨まれていたにも関わらず、喜七郎は資金面でバックアップ。藤村と喜七郎とはそれ以前から親交があり、麹町の藤村の自宅は喜七郎が提供した。藤村は一九二九年から三二年にかけて書いた代表作『夜明け前』の直筆原稿三七冊を喜七郎に贈呈して、その厚意に報いた。喜七郎は藤村の死後、これを桐箱に入れて、藤村の生家跡に建てられた藤村記念館に寄贈した。

一九二四年には日本棋院の設立に尽力した。現在、東京・市谷にある公益財団法人・日本棋院の前身である。維新後、幕府というパトロンを失った棋士たちは離合集散を繰り返し混とんとした状態にあり、伝統を重んじる本因坊家と旧習を打破しようとする方円社との対立が長く続いていたが、関東大震災を機に大同団結の機運が高まり、喜七郎を後援者として日本棋院が設立。総裁は牧野伸顕（一八六一～一九四九、大久保利通の次男、吉田茂の岳父）、喜七郎は副総裁に就任。牧野・喜七郎体制は一九四六年まで続いた。また北京の碁界で天才

日本棋院の玄関ロビーにある喜七郎の胸像

とうたわれた当時一四歳の呉清源（一九一四〜二〇一四）を日本に連れて来たのも喜七郎。六三年、喜七郎が死去すると坂田榮寿本因坊と呉清源などによる霊前献碁が青山斎場で行なわれた。翌年、囲碁の普及、発展に寄与した者に贈られる大倉喜七郎賞が創設され、一九七一年に建設された新会館のロビーには喜七郎の胸像が建つ。

大倉山シャンツェ

今日、ウインタースポツのファンで大倉山シャンツェを知らない者はいないであろう。大倉山シャンツェの設立資金を出し、設計、施工を引き受けたのが喜七郎である。一九二八年、昭和天皇の即位大礼が京都の御所で行なわれた際、秩父宮と喜七郎、北海道大学スキー部長大野精七博士とが同席し、秩父宮から「オリンピックを誘致するにはスキーのジャンプ台が必要」との話を聞いた喜七郎は、その場で支援を申し出た。喜七郎はスキーの先進国ノルウェーから設計者と選手を招聘するなどして積極的に話を進めた。札幌神社外苑に適切な場所が見つかり神社と市との協議の末、建設地が決まった。現在の大倉山シャンツェである。ノルウェーから設計図が届くと、それを参考に大倉土木の清水一が設計、本田仁平、栗田定一が工事を担当、三一年に完工。翌年、大倉山シャンツェと名付けられた。一九七二年、待望の札幌冬季オリンピックが実現。大倉山シャンツェで行なわれたジャンプ競技の七〇メートル級で金銀銅を独占した「日の丸飛行隊」の活躍は今も語り草になっている。

ホテルオークラ

一九五八年（昭和三十三年）、喜七郎は大成観光株式会社を設立した。帝国ホテルの他、川奈ホテル、上高地帝国ホテル、赤倉観光ホテル、新大阪ホテル、京都ホテル、名古屋観光ホテルら数多くのホテルと関わり、日本のホテル業界を牽引する立場にあった喜七郎の念頭にあったのは観光立国・日本に相応しい世界のトップレベルのホテルを自らの手で建てることにあった。コンセプトは「帝国ホテルを超えるホテル」。戦後の財閥解体によって、父が建て、長年慈しんできた帝国ホテルの経営から退くことになった喜七郎には、大倉一族の統帥としての意地もあった。

ホテルオークラの誕生である。敷地は赤坂葵町の二万三四〇〇平方メートル、施行は大成建設。一九六〇年（昭和三十五年）に起工、和洋合わせて五五〇室、五ヵ国の同時翻訳が可能な二〇〇〇人収容の国際会議場など大小合わせて二二の宴会場を持つ。欧米の文化を理解することによって、日本の文化の良さを再認識した喜七郎は、和洋の調和を重視、国内屈指の工芸家たちによる内装を採用。しかし畢生の大作というべきホテルオークラの完成を見届けた九ヵ月後に喜七郎は逝去する。なおホテルオークラ東京の本館は二〇一五年（平成二十七年）に閉館。二〇一九年九月十二日、The Okura Tokyoとして新装オープンする。

祖先は京畿の人

喜八郎の祖先が京畿の出であることは先に書いた。新発田市にある大倉家の菩提寺・曹洞宗龍吟山延命寺の高祖父（祖父母の祖父）の墓碑には「京畿人で蓮潟《はすかた》に来た」とある。蓮潟は一六六〇年代に開発された新田で、新発田藩内の大槻から蓮潟に移住した大倉仁左衛門が祖先ではないかとされているが確かではない。

墓碑によれば高祖父は持っていた田畑を二人の兄弟に与えたが、兄の家が没落したので、弟は自分は商売で身をたてることにして兄に田畑を譲ったとあり、この弟が喜八郎の曾祖父に当たる。曾祖父の名は宇一郎で、商人に転じたときに定七に改名、蓮潟から新発田町に移住したとされている。曾祖父の妻は新発田藩の藩士の娘で、夫妻の戒名が「〇〇院」と曹洞宗における戒名として高位であることから、逝去時にはかなり格式の高い商人であったと思われる。ちなみに喜八郎の戒名の「大成院殿禮本超邁鶴翁大居士」は大名クラスでないとつけられない庶民には破格のもの。

曾祖父には二人の男子がいた。兄が喜八郎の祖父で、名は卯一郎といい、曾祖父の没後二代目定七を名乗った。祖父の生年は不明だが、天保元年、一八三〇年に数えの六九歳で没していることから天明、寛政、享和、文化、文政、天保にわたって大倉家の当主であったことになる。

祖父・大倉定七

喜八郎は祖父の二代目定七（以下二代目を略し定七とする）を大変尊敬し、その豪快な商売のやり方を模範としたと常々語っている。定七の事績と人となりについては頼山陽（儒学者、一七八〇～一八三二、以下山陽）が記した定七の墓碑から知ることが出来る。墓碑には次のような記述がある。「翁（定七のこと）は商人中の良将であった、大都会で活躍できなかったのは惜しい、もし大都会におればこの程度にはとどまらなかった」

父から家督と同時に巨額の負債を継いだ定七は一念発起して商売に励んだ。定七のやり方は自ら現場に行って虚実を確かめ、遅疑せず決断する、いわば現場主義、実践主義で、商機を捉える優れた商才を、喜八郎は受け継いだといえる。定七は薬種、砂糖、綿、塩の商いで大きな利益を得、質業を兼業し、藩主への拝謁を許されるまでになった。一般には本人の善行、藩への功労、献納金などによって拝謁が可能になるが、本人が望めば拝謁が許されたのではなく、あくまでも藩主の都合であるのはいうまでもない。『新発田市史』には「寛政元年には町人五人に五〇〇〇両、文化四年には町人三七人に二五〇〇両、文政五年には町人一四八五人に二万両の献納金が命じられた」との記載があり、この条件にあてはまる者に与えられた特権であった。

話を墓碑に戻すと、定七の墓碑を建てようと思いついたのは喜八郎の父の千之助で、父が付き合いのあった新発田藩の安田幹伯、佐藤徳裕を通して山陽に書いてもらった文を刻むつもりでいたが、火災でその書が焼失したことで建立を断念。現在、新発田市駅前公園にある墓碑は喜八郎が一九一六年（大正五年）に赤坂の本邸に建立したもので、墓碑に刻まれてある文章は『山陽遺稿』から撰文したとされている。しかし定七、あるいは父と山陽と直接の交流があったのか、それとも安田らから頼まれて書いたものかは確かめる資料がない。

父の千之助は定七のような商機を求めて事業を拡大するようなタイプではなかったが、学問や作詞、作画などの芸術に親しみ、慈善心に富み、一八三六年（天保七年）の大飢饉のときは米蔵を開いて窮民に施した。喜八郎は祖父・定七の商才と父・千之助の芸術を愛し、慈善の心という、二人の良い所を受け継いだといえる。

千之助は妻・千勢子との間に四男二女をもうけた。その内、長男は夭逝。長女は貞子、次男は光太郎といい、喜八郎は五番目に生まれた子で、貞子は新潟町の間瀬屋佐右衛門に嫁いだ。間瀬家は宝暦年間に始まった大きな船問屋で大倉の家を上回る大家で、喜八郎が江戸に出奔する際に渡した二〇両は貞子にとってはさほどの大金ではなかったようだ。貞子は幽香の号を持ち、文芸の才があり和歌を詠み、三弦琴を奏で、絵画にも長じていた。夫・佐右ヱ門の死後、富士山の女人禁制が解けると早速登頂。東京にもしばしば行くなど行動の人で、一八八五年（明治十八年）に向島の喜八郎の別邸で亡くなった。光太郎は父の死後、定七を名乗り、大倉組が西南戦争で陸軍用達となったとき、長崎にいて、喜八郎が朝鮮に行っている間、代役を務めた。その後、いろいろな事業に手を出したが成功せず、一八八八年（明治二十一年）逝去。

喜八郎とファミリー

喜八郎の正規の結婚は遅かった。一八七五年（明治八年）、三九歳の時、日本橋に住む持田徳子、当時一七歳と結婚。二二歳年下の娘のような若妻であった。言い伝えによると上野・不忍池を散策中の喜八郎の脇を馬に乗った女が駆け抜けた。細面の喜八郎好みのタイプで、一目ぼれした喜八郎は歳の差を懸念する周囲の声を押し切って結婚。徳子の父は佐渡の与力で彰義隊に加わって、上野で亡くなったとされており、もしそうだとしたら奇妙な取り合わせではある。

喜八郎は徳子との間に一男三女をもうけた。その前に川口タマ（たま子）との間に二男二女をもうけており、夭逝した二人の女児を長女、次女としていた。徳子との間に生まれた、三女・鶴子は高島小金治に嫁ぎ、四女・時子は野口粂馬を養子に迎え、後に分家とし大倉の姓を名乗った。喜八郎本人はどう思ったかは知る由もないが、高島小金治と大倉粂馬は補助輪となって、よく喜八郎を支えた。婿選びについては喜八郎の眼は確かであった。

喜八郎はさらに久保井優との間に男三人をもうけた。一九一六年（大正五年）に長男・幸二（一九九二年没）、一九一九年に次男・雄二（一九九九年没）、一九二三年に三男・瑛三（一九二九年没）が生まれた。喜八郎にとって最後の子、瑛三が生まれたのは喜八郎八七歳の時で、老いて益々盛んというか、怪物というか言葉が見つからない。

その次男の雄二は長じて父・喜八郎についての多くを書いている。『逆光家族―父・大倉喜八郎と私』『鯰―元祖〝成金〟大倉喜八郎の混沌たる一生』、また腹違いの兄・喜七郎について『男爵―元祖プレイボーイ大倉喜七郎の優雅なる一生』（いずれも文藝春秋刊）。

雄二は喜八郎が八二歳、母の優が二九歳の時の子で、喜八郎が死んだ時、雄二は九歳。『鯰―』のあとがきによれば「私は母から聞いた父の話はほとんど覚えていない」とあり「破天荒な生き方と、波瀾に富み、謎に満ちた彼の一生はたしかに面白い。しかし書く側から言えば、彼が自らを修飾することに長けていたばかりでなく、喜八郎の意を迎えようとする人物があちらこちらに介在して、彼の人間像を一層混乱させている。これだけでも大変なのに、自分でもどこまでがこのわしで、どこまでが他人なのか見当のつかないような、不思議な人物像をでっちあげされておいて大満足しているのだから、いやいやと言うほかないのである」

辛口である。こういうことは偉人、英傑の伝記（自伝も含めて）にもあてはまることで、書く側、読む側の眼力が問われる一面もあって、ここでの言及は控えたい。ちなみに雄二は慶応大学文学部を繰上げ卒業して応召、ベトナムから復員して文藝春秋に入社。先の作品は定年退職後に書かれたものである。

喜八郎は生涯に四度帰省している。故郷の新発田を出奔してから死ぬまでの七四年間に四度というのは少ないといえるが、喜八郎の新発田を想う気持ちは、いろんな形で表れている。

一九一六年（大正五年）、喜八郎は自身八〇歳を祝う銅像の除幕式に立ち会うために新発田町（当時は町）に帰った。二度目の帰省である。銅像は新発田の有志が諏訪公園内に建造したもので、除幕式には旧藩主溝口直亮《なおよし》、大倉一族を始め鶴友会、新発田町と近隣から一〇万人もの参列者があったという。

喜八郎は自身の像に向かって「愧《なつ》かしや限りある身を限りなき、世をふる里に残す面影」と詠んだ。

この折、旧藩主溝口家を祀った豊田神社の社殿を山頂に移転する費用、諏訪神社の神楽殿修築の費用を寄進。喜八郎は晩年、諏訪神社に隣接する三〇〇〇坪の土地を購入して町に寄進。その後、拡張されて新発田公園となり、現在の東

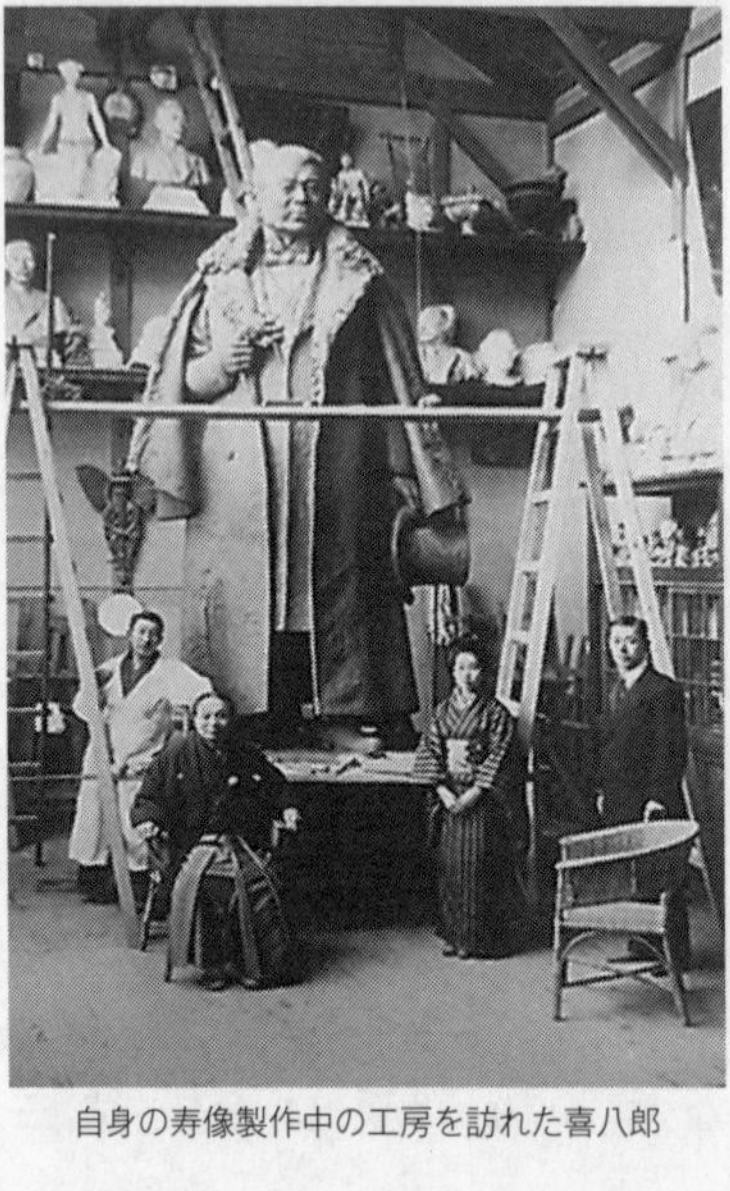

自身の寿像製作中の工房を訪れた喜八郎

公園である。

一九一八年（大正七年）、喜八郎は大倉製糸工場（資本金一五〇万円）を設立し会長に就任。地元の振興策の一環として新発田に製糸工場を設立した。近在には養蚕農家、絹織物業者はたくさんいたが製糸工場がなく、地元の要請に応えたものであった。二〇年、工場が完成し、喜八郎は開業式のため三度目の帰省を果たす。開業式には千数百人が参加。職工慰安観劇会には男女職工及び父兄六〇〇名余が参加。喜八郎は「桑作る業は元より繭つむぐ、工女の指も国の真宝」と詠んだ。この折、新発田町教育会に二〇〇〇円、盲人按摩業者に一〇〇円を寄付。新発田工場の跡地は、現在新潟県立新発田病院と公園になっている。

一番面白い時代

話は変わるが、前出の久米邦武は死ぬ二年前の一九二九年（昭和四年）、九〇歳の時に自伝『久米博士九十年回顧録』を書いた。以下はその一節である。

「余の一生は古今の歴史中最も面白い時代であって、是を一続の芝居とするなら、余はその一番面白い幕を見たと言ひ得る。而も観席には等級が多いに拘わらず、余は幸いにも一等席から見る事を得たのは、亦生涯の幸福と自信している」

既述のように、久米は三四歳の時、岩倉使節団の一員に選ばれた。最初は岩倉の個人秘書であったが、途中から正式な回覧記録者に任命され、帰国後、久米を中心に『米欧回覧実記』の編纂が進み、一八七八年に『特命全権大使 米欧回覧実記』が刊行された。初版は五〇〇部であったが、四回にわたって増刷され三五〇〇部に達したが、漢文調であったため一般に浸透するには至らなかった。

岩倉使節団の一員に選ばれたのは、久米にとってはエポックメーキングな出来事であった。「一番面白い幕」の幕開きである。明治とはそういう時代だったのである。

時代の証言者としての大倉喜八郎

以下は政財界にあって日本の近代化を推進した先人たちの没年と没時の数え年である。

一八六七年　慶応三年　坂本龍馬　三三歳。
一八七四年　明治七年　江藤新平　四一歳。
一八七七年　明治十年　三野村利助　五七歳。
同年　木戸孝允　四四歳。
一八七八年　明治十一年　大久保利通　四九歳。
一八八三年　明治十六年　岩倉具視　五九歳。
一八九五年　明治十八年　岩崎弥太郎　五一歳。
一八九一年　明治二十四年　三条実美　五五歳。
一八九九年　明治三十三年　勝海舟　七七歳。
一九〇〇年　明治三十三年　黒田清隆　六一歳。
一九〇三年　明治三十六年　古河市兵衛　七二歳。

一九〇五年　明治三十八年　副島種臣　七八歳。
一九〇九年　明治四十二年　伊藤博文　六九歳。
一九一二年　大正元年　藤田伝三郎　七二歳。
一九一三年　大正二年　徳川慶喜　七七歳。
一九一四年　大正三年　高島嘉右衛門　八三歳。
一九一五年　大正四年　井上馨　七九歳。
一九一九年　大正八年　板垣退助　八三歳。
同年　三井八郎次郎　七一歳。
一九二一年　大正十年　安田善次郎　八四歳。
同年　高田慎蔵　七〇歳。
一九二二年　大正十一年　大隈重信　八五歳。
山県有朋　八五歳。
一九二四年　大正十三年　松方正義　九〇歳。
一九二六年　大正十三年　住友友純　六二歳。
一九二八年　昭和三年　大倉喜八郎　九二歳。
一九三〇年　昭和五年　浅野総一郎　八三歳。
一九三一年　昭和六年　渋沢栄一　九二歳。
一九三八年　昭和十三年　益田孝　九一歳。

一九四〇年　昭和十五年　根津嘉一郎　八一歳。

不慮の死を遂げた坂本、江藤、大久保を除いて、皆さん長寿である。暗殺されたが、伊藤は六九歳、安田は八四歳。当時の平均年齢をはるかに超えている。

壮健に生まれついたこともあろうが、彼らは気分転換に留意し、決して仕事一途ではなかった。伊藤は国家の大事で頭が一杯になると遊びに出かける。遊びにもいろいろあるが、伊藤の女好きは定評がある。山県は総理時代、国会の形勢が悪いと、目白の本邸に宝生流能楽の名人といわれた松本金太郎を呼んで、彼の謡いに合わせて舞った。「一番目は面白くなく、二番目から少し落ち着いてきて、三番目になって、やっと楽しめ気分が一新した」と言っている。随分と贅沢な息抜きだが、開放的な伊藤と違って籠るタイプの山県らしいといえば山県らしい。井上馨は欧米に負けない国劇の創造を目指し、演劇改良運動を後押しし、自らの私邸を天覧歌舞伎の会場として提供。九代目市川団十郎、落語の三遊亭円朝、義太夫の竹本越後太夫らとも親交があった。

益田孝は一九一四年に三井を辞して小田原に隠棲し茶三昧《ざんまい》に入った。千家に伝わる茶器・鈍太郎を手に入れ、自らを「茶人鈍翁《どんおう》」と称した。益田が長年に渡って蒐集した茶器に限らず美術品は膨大なものがあるが、戦後、財産税と嗣子の死去によって散逸した。藤田伝三郎が集めた美術品は「藤田コレクション」として今も名高い。大阪にある「藤田美術館」には藤田と息子とが集めた国宝九点、重文五一点が収納されている。ちなみに椿山荘は藤田の東京の、箱根小涌園は箱根の別宅であった。高島嘉右衛門の易断が趣味といえるかどうかだが、当たることでは定評があり西郷隆盛、大久保利通、伊藤博文の死期の卦も立てていたとされている。しかし伊藤の満洲行きを止められなかったことから、以後、人について占うことはなかった。また「占い」は「売らない」と称し、占いそのものを商売とすることを戒めている。渋沢栄一はこれといった趣味を持たなかった。設立に関わった企業が約五〇〇社、社会事業が六〇〇余りとされており、そんな暇がなかった。「心を穏やかにさせるには思いやりを持つことが大事である。一切の私心をはさまず物事にあたり、人に接するならば、心は穏やかで余裕を持つことができるのだ」。渋沢の生涯の指針である。この度の一万円札の〝顔〟として生まれ変わることになったのは、まことにめでたい。一九三一年、昭和六年十一月十一日、渋沢は九二年の生涯を閉じた。その二ヵ月ほど前の九月十八日、関東軍による満洲事変が勃発。これを以て「一番面白い幕」の終焉とするにはこじつけだろうか。

先に列挙した人々は、分野は違え「一番面白い幕」の体現者である。本編の主人公・大倉喜八郎もその一人で、江戸から明治、大正、昭和にかけて変転する日本の有り様を、自ら作った桟敷席から見たであろう、同じ光景を読者にもお見せしたいと務めたが、どこまで果たし得たか。思い残すことは多々あるが、これを以て終わりとする。

なお執筆にあたって元東京経済大学学長、現公益財団法人大倉文化財団理事長の村上勝彦氏、及び東京経済大学史料委員会の諸氏、福岡大学人文学部教授の広瀬貞三氏、大成建設株式会社の伝統・保存建築設計室長の松尾浩樹氏、株式会社リーガルコーポレーション、REGAL ARCHIVES館長の藤井財八郎氏、株式会社ニッピの松田智氏には、ひとかたならずお世話になった。

また出版に際しては、前著『満洲の土建王 榊谷仙次郎』につづいて担当していただいた川岡篤さんにもご苦労をかけた。末尾ではあるが、ありがとうございました。

二〇一九年五月吉日

岡田和裕

大倉喜八郎略年譜

☆日本国内と、日本と関連する世界の出来事
・関連するその年の死亡者と死亡時の年齢。

一八三七年　天保八年　一歳。（数えの年齢）
越後国新発田町（現新潟県新発田市）の商家の五人兄弟姉妹の三男に生まれる。幼名鶴吉。二〇代の頃、喜八郎に改名。
☆二月、大塩平八郎の乱、六月、モリソン号事件。

一八四四年　弘化元年　八歳。
この年から二年間、石川治右衛門から漢籍（四書五経）を学ぶ。
☆七月、オランダ、幕府に開国を促す。

一八四八年　嘉永元年　一二歳。
この年、家業を手伝う傍ら、新発田藩の儒者丹羽伯弘が開いた私塾積善堂に入塾。漢書、習字、珠算を習う。この塾で陽明学の「知行合一」の影響を受けたとされる。
☆佐久間象山、大砲を鋳造、パリで二月革命。

一八五〇年　嘉永三年　一四歳。
太極円柱吉六の門に入り狂歌を学ぶ。号を和歌廼門鶴彦と称し、江戸の雑誌に狂歌を投稿、江戸の狂歌師連とも連絡が生まれる。
☆朝廷、国難を七寺七社に祈願、海防の勅諭が幕府に下る。

一八五三年　嘉永六年　一七歳。

五月、父・千之助、死去。長男を助け家業に従う。
☆ペリー、浦賀に来航、プチャーチン、長崎に来航。
一八五四年　安政元年　一八歳。
五月、母・千勢子、死去。十月、江戸へ出立。狂歌の師・檜園梅明を訪ね、狂歌師の仲間で日本橋魚河岸の塩物商和風亭国吉の手代となる。その後、麻布飯倉の中川鰹節店で丁稚見習奉公。
☆日米、日英、日露和親条約締結。
一八五七年　安政四年　二一歳。
春、奉公先から独立、乾物店大倉屋を江戸下谷上野町で開業。
☆米駐日総領事ハリス、江戸城登城。
一八六〇年　安政七年、万延元年　二四歳。
三月、先人の訓話を抜粋した『心学先哲叢集』を編纂。
☆三月、桜田門外の変。この年、日本の輸出総額が、前年の九万ドルから四七万ドルに激増、主な品目は緑茶、生糸、銅。
一八六六年　慶応二年　三〇歳。
十月、乾物店を廃業。八丁堀の小泉屋鉄砲店に見習いに入る。
☆薩長連合の密約。将軍家茂、急死。徳川慶喜を征夷大将軍。孝明天皇、死去。
一八六七年　慶応三年　三一歳。
二月、鉄砲店大倉屋を神田和泉橋通りに開業。
☆十月、大政奉還、十二月、王政復古の大号令。
一八六八年　慶応四年、明治元年　三二歳。

春ごろ新政府軍の兵器糧食の用達となる。五月、上野寛永寺に立てこもる彰義隊に拉致、喚問されたが釈放される。十二月、新政府側の津軽藩からスペンセル銃の注文を受ける。
☆一月、鳥羽・伏見の戦い。三月、「五箇条の御誓文」発布。五月、江戸開城。七月、上野戦争。江戸を東京と改称。八月、会津戦争。九月、明治と改元。
一八六九年　明治二年　三三歳。
二月、津軽藩の要請で横浜鉄砲を青森に運ぶ途中、函館に漂着。二日間の足止めをくう。
☆一月、東京・築地に外国人居留地を設置。五月、五稜郭開城。六月、版籍奉還。七月、開拓使設置。八月、蝦夷地を北海道と改称。八月、東京・九段に招魂社創建（靖国神社の前身）。
一八七〇年　明治三年　三四歳。
この年、銀座三丁目に羅紗販売店を開業。
☆十一月、岩崎弥太郎、土佐開成商社設立（後に九十九商会に改称、三菱商会の前身）。
一八七一年　明治四年　三五歳。
三月、新橋停車場建設工事の一部を請負う。同月、横浜水道会社を高島嘉右衛門らと設立。秋に創立された共立学校（開成学校の前身）の共同発起人となる。この年、日本橋本町に洋服裁縫店（日本の洋装店の開祖とされる）、横浜弁天通りに貿易商店を開業。
☆六月、新貨条例制定、旧貨幣の一両を一円とする。八月、廃藩置県。十二月、岩倉使節団、横浜から出港。
一八七二年　明治五年　三六歳。
一月、鉄砲弾薬取締規則が制定され、東京府下五名に限定された鉄砲火薬商になる。三月、銀座大火後の復興建設事業の一部を請負う。七月、民間人初の長期欧米視察に出発。アメリカ着。サンフランシスコ、ニューヨーク、ワシントン、シカゴ各地を巡察。十月、イギリス着。ロンドンの下宿屋に滞在しながらマンチェスター、リバプール、グラスゴーの羅紗工場を視察。岩倉使節団でロンドン滞在中の木戸孝允、大久保利通と面談の機会を得、西洋化が進む中、羅紗を国産する必要性を説く。

☆二月、陸軍省、海軍省を設置。三月、土地の永代売買禁止を解除。同月、東京日日新聞創刊(現、毎日新聞)。九月、新橋・横浜間の鉄道開通。十一月、国立銀行条例制定。同月、群馬・富岡製糸場が開業。

一八七三年　明治六年　三七歳。

イギリスからヨーロッパに渡りローマで岩倉具視、伊藤博文らと会食の機会を得る。八月、欧米から帰国。九月、木戸孝允、横山孫一郎と横浜で会食。十月、大倉組商会を銀座三丁目に設立、頭取となる。業務は外国貿易を主とし用達・造営を行なう。

☆一月、太陽暦を実施。六月、第一国立銀行設立。七月、地租改正条例を布告。十月、西郷隆盛、朝鮮派遣の無期延期で参議辞任。板垣退助、江藤新平、副島種臣らが続く。十一月、内務省を設置、警察、地方行政の全権集中。

一八七四年　明治七年　三八歳。

五月、陸軍用達として台湾出兵に従い、諸品購入、人夫雇い入れに従事。この年、大倉組ロンドン支店を設置、日本企業初の海外支店。

☆二月、佐賀の乱。四月、板垣退助、政治結社立志社を創立。五月、台湾出兵。十一月、読売新聞、創刊。

・江藤新平、四〇歳。

一八七五年　明治八年　三九歳。
五月、持田徳子と結婚。同月、渋沢栄一と共に東京会議所の肝煎に就任。九月、渋沢と共に日本初の商業教育機関・商法講習所（一橋大学の前身）の運営資金の支援に関する約定書を締結。
☆五月、千島・樺太交換条約。七月、文部省、第一回海外留学生を派遣。小村寿太郎、鳩山和夫、古市公威ら。九月、江華島事件。

一八七六年　明治九年　四〇歳。
三月、大久保利通、内務省所管羅紗製造所を設立。ロンドンでの喜八郎との約束を守ったことになる。夏、朝鮮釜山に渡航、日本人実業家で朝鮮に渡った第一号となる。十月、大倉組釜山支店を開設。
☆二月、日朝修好条規締結。七月、三井銀行が開業、三井物産が創立。九月、北海道開拓使、札幌麦酒醸造所を設立。十月、神風連の乱、秋月の乱、萩の乱。十一月、福沢諭吉「学問のすすめ」完結。

一八七七年　明治十年　四一歳。
二月、西南戦争で政府軍の陸軍用達となる。五月、病中の木戸孝允（所は不明）を見舞い、同じ宿の同室で床を並べて寝たが、神経衰弱気味の木戸は寝付けず、夜中まで話した。六月、飢餓に苦しむ朝鮮へ米穀一〇〇〇石を輸送、販売。そのための船は大久保利通が斡旋。十二月、東京商法会議所（東京商工会議所の前身）設立を渋沢栄一、福地源一郎、益田孝等と出願。
☆二月、西南戦争。四月、東京開成学校と東京医学校が合併して東京大学となる。五月、佐野常民ら熊本に博愛社創立（日本赤十字社の前身）。九月、西郷隆盛、自刃で西南戦争終結。
・木戸孝允、四四歳。三野利助、五七歳。

一八七八年　明治十一年　四二歳。
二月、千住製絨所から原料羊毛買入れを委託される。三月、大倉組、仙台集治監（刑務所）の建設工事に着手。八月、東京商法会議所第一回総会開催、会頭渋沢栄一、副会頭に福地、益田、喜八郎は外国貿易事務委員となる。十二月、東京府会議院第一回選挙、京橋区議員に選出される。
☆三月、東京商法会議所の設立が認可される。五月、大久保利通、暗殺。同月、株式取引所条例が制定され、東京株式取引所が六月に開業。同月、第一国立銀行釜山支店、開業。七月、外国人専用ホテル、箱根「富士屋ホテル」開業。十二月、参謀本部条例制定され軍令に関する事項は参謀本部長が管轄。統帥権独立の発端。
・大久保利通、四九歳。
一八七九年　明治十二年　四三歳。
九月、千住製絨所、開業。横山孫一郎を買い付けにオーストリアに派遣。十月、製革場を大阪に設立。12月、日本橋・京橋の大火で居宅焼失。この年、向島に別荘を建設。
☆一月、大阪で「朝日新聞」創刊。四月、琉球王国廃絶、沖縄県設置。六月、東京招魂社を別格官弊社とし、靖国神社と改称、内務、陸軍、海軍三省の管理となる。十月、砲兵工廠条例が定められ東京、大阪に砲兵工廠が置かれる。
一八八〇年　明治十三年　四四歳。
七月、朝鮮の元山埠頭の建設工事に着手。十二月、東京馬車鉄道会社が設立され、株主となる。同月、千住製絨所の払い下げを願い出る。土地、建物、機械などは無利息三〇年年賦で二〇万円。羊毛、染具、石鹸などの消耗品は即納で四万円の条件。この年、石黒忠悳らと北越親睦会を開く、後の新潟県人会。

☆一月、安田銀行開業。二月、横浜正金銀行開業。三月、陸軍省が村田経芳作製の小銃「村田銃」を軍用に指定。五月、朝鮮、元山を開港。十月、宮内省雅楽課が「君が代」を作曲。十一月、工場払下概則を制定、内務省、工部省などの官営工場の漸次民有化を命令。12月、教育令改正、国家統制、男女別学を強化。

一八八一年　明治十四年　四五歳。

一月、大倉と堀川利尚らが参加した土木用達組が鹿鳴館建設工事を着手。

☆一月、東京・神田から出火、一万一〇〇〇戸を焼失、銀座煉瓦街建設の端緒となる。四月、農商務省が設置される。七月、日本初の生命保険会社、明治生命保険会社が設立される。十一月、日本初の私鉄・日本鉄道会社設立。

一八八二年　明治十五年　四六歳。

三月、東京電燈会社の設立発起人の一人となる。設立本部は大倉組に置かれる。五月、渋沢、益田、藤田伝三郎と共に大阪紡績会社を設立。これが縁で藤田との提携が生まれ、後の日本土木会社設立につながる。十一月、銀座の大倉組前で日本初の電気灯（アーク灯）を点灯。この年、東京府から東京湾浚渫工事を請負う。共立東京病院（東京慈恵医科大学の前身）に多額な支援。

☆一月、軍人勅諭発布。三月、上野博物館、動物園が開園。四月、板垣退助、襲われる。六月、日本銀行令発布、十月、営業開始。七月、朝鮮で壬午軍乱起こる。同月、渋沢栄一、益田孝、喜八郎らの反三菱連合が投資して共同運輸会社を設立。それまで運輸業を独占していた三菱に対抗、両社の争いは二年続き、その間に運賃は十分の一に下落。岩崎弥太郎の死後、両社は合併、日本郵船が誕生。八月、戒厳令を制定。

一八八三年　明治十六年　四七歳。

二月、東京電燈会社が設立され取締役に就任。八月、上海に大倉組出張所を開設。十月、隅田堤に桜千株補植を成島柳北らと出願。十一月、偽茶、粗悪茶の取締法制定のための建議書を農商省に提出。この年、千住製絨所の払い下げがいったん決まったが、後に取り消される。

☆一月、郵便条例を施行。同月、朝鮮、仁川開港。七月、鹿鳴館、落成。同月、日本鉄道、上野・熊谷間で仮開業。

・岩倉具視、五九歳。

一八八四年　明治十七年　四八歳。

中央茶業本部が設立され幹事長に就任。五月、日本茶の信用回復と米国商業視察のため渡米。九月、皇居造営工事の一部を請負う。この年、天城御料林の伐採許可を得、五〇〇〇町歩の御陵林の半分を開拓、製材業に乗り出し、茶箱を製造しインドのボンベイ、カルカッタに輸出。

☆五月、大阪商船が開業。六月、日本鉄道の上野・高崎間が開通。七月、長崎造船局の全施設が三菱に払い下げられる。九月、小坂鉱山が久原庄之助（藤田組）に払い下げられる。十二月、京城で甲申事変起こる。

・成島柳北、四九歳。

一八八五年　明治十八年　四九歳。

一月、米国視察から帰国。六月、藤田組と共に大阪天神橋建設工事を着工。十月、東京瓦斯会社（東京ガスの前身）を設立。この年、大倉組製革場は日本で最古の由緒ある和歌山の鞣革伝習所を合併、また平松芳次郎から平松製靴製革所を買収、大阪の有力工場となる。

☆一月、第一回、ハワイ移民。福沢諭吉「脱亜論」を発表。四月、天津条約。五月、屯田兵条例を制定。九月、日本郵船会社設立。十二月、太政官制度を廃止、内閣制度を制定、初代総理

大臣伊藤博文。同月、関西初の私鉄・阪堺鉄道開業。
・岩崎弥太郎、五一歳。

一八八六年　明治十九年　五〇歳。
二月、東京商工会の幹事となる。七月、東京電燈会社（東京電力の前身）が開業。同月、北海道長官岩村通俊から渋沢栄一、岩崎弥之助、益田孝らと共に北海道開拓について意見を聞かれる。八月、演劇改良会を結成、発起人の一人となる。十二月、開拓使の札幌麦酒醸造所の払い下げを受け、大倉組札幌麦酒醸造所（サッポロビールの前身）を設立。同月、藤田組と共同で佐世保軍港建設工事を着工。
☆三月、帝国大学令を公布、東京大学を帝国大学に改組。同月、岩崎弥之助、三菱社を設立。
四月、師範学校令、小学校令、中学校令を公布。

一八八七年　明治二十年　五一歳。
三月、大倉組と藤田組とで有限責任日本土木会社を設立。東京方面は大倉組、大阪方面は藤田組が主管。四月、大倉組と藤田組とで内外用達組を設立。六月、天津支店を開設。八月、東京毛糸紡績会社を設立。十一月、東京ホテル（後に帝国ホテルに改称）の発起人総会で渋沢と共に総代に推挙される。
☆一月、皇后が女性の洋装を奨励、以後、上流婦人を中心に洋装が広まる。四月、大仮装舞踊大会が鹿鳴館でしばしば開催され、欧化主義として非難される。十二月、保安条例公布、実施される。

一八八八年　明治二十一年　五二歳。
一月、東京湾築港の調査委員に指名される。同月、札幌麦酒会社が設立され、渋沢栄一等と委員となる。同月、帝国ホテル建設工事に着工。二月、日本土木会社、歌舞伎座の建設工事に着手。
六月、九州鉄道会社が設立、大倉は二番目の株主。七月、日本土木会社の社長に喜八郎が就任。
八月、演劇改良会の相談役となる。
☆一月、日本初の通信社・時事通信社が東京に創立。同月、帝国自転車製造所が浅草で、国産自転車の製造を始める。二月、文部省、「紀元節歌」を学校唱歌と定める。五月、師団司令部条例などを公布、六鎮台を廃し六個師団を編成。十月、東京火災保険会社が営業開始（安田火災海上の前身）、同月、新皇居が完成、宮城と改称。十一月、大阪毎日新聞、発刊。

一八八九年　明治二十二年　五三歳。

一月、陸軍省から村田銃実包二〇〇発の払い下げを受ける。三月、千住製絨所から製品販売事務を委託される。この年、藤田組は日本土木会社から撤退。
☆一月、徴兵令を改正。戸主の徴集猶予などの除外規定を全廃、国民皆兵を確立。二月、大日本帝国憲法を発布。青山観兵式場で帝国大生らが万歳三唱したのが、万歳三唱の初めとなる。七月、東海道線、新橋・神戸間が全通。十一月、歌舞伎座が開場。十二月、文部省、「御真影」を高等小学校に下付。

一八九〇年　明治二十三年　五四歳。

三月、琵琶湖疎水、帝国ホテル、五月、利根川運河が完成。十一月、帝国ホテルが開業。
☆一月、富山で米騒動。三月、岩崎弥之助、丸の内一帯、通称三菱ケ原の払い下げを受ける。七月、第一回衆議院選挙。九月、川上音二郎の「おっぺけぺー節」が評判となる。十月、文部省、教育勅語を発布。

一八九一年　明治二十四年　五五歳。

五月、東京商業会議所議員に当選、幹事となり、九月に工業、商業、財務、運輸の四部門の内の工業部長に就任。

☆総人口四〇〇〇万人を突破。三月、度量衡法公布。五月、大津事件。五月、シベリア鉄道、ウラジオストクで起工。十一月、幸田露伴、日刊紙「国会」に「五重塔」連載開始。十二月、田中正造、足尾鉱毒事件に関る質問書を衆議院に提出。

・三条実美、五五歳。中上川彦次郎、四八歳。

一八九二年　明治二十五年　五六歳。

六月、日本土木会社、特命で帝国京都博物館（現、京都国立博物館）の建設工事を請負う。十二月、日本土木会社を解散し、事業の一切を喜八郎が継承することが決定。

☆二月、陸軍少佐・福島安正、シベリア単独横断に向けてベルリンを出発。六月、京都で蹴上発電所開業、琵琶湖疎水の付帯事業で、日本初の水力発電。十一月、伝染病研究所設立、主任・北里柴三郎。

一八九三年　明治二十六年　五七歳。

六月、大倉土木組を設立、店主となり日本土木会社の残工事と清算事業を継承。十一月、大倉組商会と内外用達会社を合併し、合名会社大倉組を設立。

☆三月、海軍大尉・郡司成忠ら六三人、千島探検に出発。四月、上野・直江津間が全通。五月、海軍軍令部条例公布、天皇に直属する海軍司令部長を置き、軍政と分離。

一八九四年　明治二十七年　五八歳。

四月、大倉土木組の店主を大倉粂馬に譲り、喜八郎は合名会社大倉組頭取として全体を統括。五月、札幌麦酒会社を株式会社に改組、取締役となる。八月、日清戦争が勃発。軍用達となり、大阪支店で糧食・衣類らの軍需品を調達。戦地で各種軍工事の造営を担当。☆三月、朝鮮で東学党が蜂起。六月、清国の朝鮮出兵に対抗して政府は軍の朝鮮派遣を決定、広島に大本営を開設。七月、海軍、連合艦隊を編成。八月、清国に宣戦布告、日清戦争始まる。十月、臨時軍士予算一億五〇〇〇万円を公布。翌年三月に一億円を追加。

一八九五年　明治二十八年　五九歳。

七月、ソウルの日本領事館の建設工事を着工、ソウルに出張所を開設。五月、台湾に出張所を開設。十月、台湾の台北・基隆間の鉄道の改築工事を請負う。☆四月、日清講和条約締結、遼東半島・台湾などの割譲を決める。同月、独・仏・露の三国が遼東半島の清国への返還を勧告、いわゆる三国干渉、五月に返還。十月、閔妃殺害事件。同月、清国、日本への賠償金第一次五〇〇〇万両を支払う。明治三十一年までに総額三億両の内、二億両を支払う。

一八九六年　明治二十九年　六〇歳。

五月、台湾鉄道会社の創立発起人の総代となり、台湾総督に敷設書を提出。十一月、函館船渠㈱が設立され取締役となる。十月、勲四等旭日小綬章を受章。十一月、函館船渠㈱が設立、取締役となる。同月、台湾銀行創立委員となる。十二月、伊藤博文の要請で台湾に行き、台湾総督乃木希典との面談が三度目にして叶うが、ただし五分間に限ると限定される。・樋口一葉、二五歳。

一八九七年　明治三十年　六一歳。

二月、十勝開墾（資）を渋沢栄一らと設立。十勝の原野、森林五〇〇万坪を借下げ開拓、耕作と牧畜の農場経営を計画。五月、朝鮮の京仁鉄道引受組合が結成され、渋沢が委員長、喜八郎は組合員になる。十一月、台湾銀行の創立委員に選ばれる。神戸の生田区の安養寺の土地を入手、別荘を建てる。伊藤博文がしばしば利用。伊藤の死後、神戸市に寄贈、今日の大倉公園。

☆一月、尾崎紅葉、「金色夜叉」を「読売新聞」に連載。六月、官営・八幡製鉄所が福岡に開庁。同月、京都帝国大学設立。同月、河口慧海、チベット探検に出発。十月、朝鮮の高宗、国号を「朝鮮」から「大韓帝国」と改称。十一月、ドイツが膠州湾、ロシアが遼東半島を占領。

一八九八年　明治三十一年　六二歳。

一月、還暦銀婚式祝賀の記念事業として商業学校創立のため五〇万円拠出することを石黒忠悳に話す。発表は五月。四月、台湾協会の発起会が開催され評議員となる。十月、東京府より財団法人大倉商業学校設立が認可され、十一月、校舎敷地を赤坂区（現、港区）葵町三番地に決定。

☆一月、大阪商船、揚子江沿岸航路、上海・漢口線を開設。同月、元帥府条例公布、山県有朋、西郷縦道ら大将が元帥に。四月、東京で遷都三〇年祭挙行。十月、岡倉天心ら日本美術院を創立。十二月、上野公園で高村光雲作・西郷隆盛像の除幕式。

一八九九年　明治三十二年　六三歳。

一月、大倉商業学校校舎の建設工事に着手。三月、東京商業会議所の副会頭となる。五月、北海道拓殖銀行設立委員となる。同月、台湾縦貫鉄道の建設工事に従事。六月、旭川第七師団の施設の建設工事を着工。七月、台湾銀行の監査役に就任。この年、東京市営養育院の常設委員となる。

☆二月、東京・大阪間に電話開通。同月、初の南米移民八一〇人がペルーに向かって出発。三月、中国、山東省で義和団が蜂起。九月、台湾銀行開業。

・勝海舟、七七歳。

一九〇〇年　明治三十三年　六四歳。

一月、京釜鉄道㈱の発起人会で創立委員に選ばれる。四月、日本電気協会の会長となる。五月、パリ万国博覧会と欧米商業の視察のため横浜港を出発。徳子夫人と英国留学の喜七郎を同伴。八月、大倉商業学校校舎竣工、第一回入学式。
☆三月、全国の鉄道、官営が約一三〇〇キロ、私設が約四五〇〇キロ。同月、治安警察法公布。四月、パリ万博。五月、陸海軍官制を改正、軍部大臣を現役の大正に限定。七月、孫文、日本に再度の亡命。九月、夏目漱石、文部省留学生として渡英。同月、津田梅子が東京・麹町に女子英学塾（津田塾大学の前身）を設立、開校。十一月、朝鮮初の京仁鉄道が開通。十二月、清国、義和団事件の講和条件を受諾。この年の流行り歌「鉄道唱歌」「東雲節」「花」。
・黒田清隆、六一歳。

一九〇一年　明治三十四年　六五歳。
六月、朝鮮、京釜鉄道㈱の取締役に就任。同月、ニューヨーク事務所を開設。
☆四月、大阪の第七十九銀行、難波銀行が支止。金融恐慌、西日本に広がる。五月、ニューヨークで経済恐慌起こる。七月、上海で東亜同文書院が設立。同月、山陽鉄道、神戸・下関間全通。七月、電報通信社創立（電通の前身）。十二月、田中正造、足尾鉱毒事件で天皇に直訴。この年の流行り歌「荒城の月」「はなさかじじい」。
・福沢諭吉、六八歳。中上川彦次郎、四八歳。渡辺洪基、五四歳。

一九〇二年　明治三十五年　六六歳。
一月、桜組、大倉組、東京製皮、福島合名が合同、日本製靴㈱設立（現リーガルコーポレーション）。二月、朝鮮の京釜鉄道の敷設工事を着工。三月、日本興業銀行（以下興銀）創立総会で監査役となる、大株主でもある。七月、釜山埋築㈱を設立、社長に就任。九月、湖南汽船㈱設立、相談役に就任。十一月、初の清国行き。

☆一月、白井松次郎、大谷竹次郎兄弟、松竹合名会社設立。同月、八甲田山「死の彷徨」。同月、日英同盟協約調印。六月、伊東忠太、中国・大同の雲崗石窟と石仏を発見。九月、江ノ島電気鉄道、開業。同月、日露協会が発足。十月、鈴木商店、神戸に設立。この年の流行り歌「陸奥の吹雪」「嗚呼玉杯に花うけて」。

・正岡子規　三四歳。西郷従道、五九歳。佐野常民、七九歳。

一九〇三年　明治三十六年　六七歳。

六月、東京商業会議所の副頭取になる。七月、日本製麻㈱が設立、顧問になる。八月、清国政府の武器輸入禁止措置の期限が満了となり、日本政府は清国に武器輸出を企図、後の泰平組合につながる。この年、八幡製鉄所が生産する鋼材の初の民間払い下げ商に指定される。

☆一月、大阪・中之島に関西初の大阪ホテル完成。二月、中央東線、笹子トンネル完成。五月、日本初のゴルフ場「神戸ゴルフ倶楽部」、開場式。六月、東京の日比谷公園完成。同月、御前会議に於いて満韓問題で日露交渉開始を決定。九月、京都・祇園の芸妓加藤ゆき、米国富豪モルガンに落籍される。十月、東郷平八郎、東洋艦隊司令官に就任。十一月、第一回早慶対抗野球試合。十二月、河原操子、蒙古カラチン王室の教育係になる。この年の流行り歌「緑もぞ濃き柏葉の」「春風」。

・古河市兵衛、七二歳。初代伊藤忠兵衛、六一歳。

一九〇四年　明治三十七年　六八歳。

二月、日露戦争、勃発。大倉組皮革製造所勤務の式村茂を第一軍に帯同させ「いかなる犠牲を払っても軍に協力せよ」と厳命。同月、他の実業家に先んじて軍事国債三〇〇万円に応募。五月、韓国・竜岩浦に軍専用の製材所を開設。この年、軍用達を命じられる。
☆一月、木下尚江、「火の柱」を毎日新聞に連載開始。二月、日露開戦。五月、第一軍、鴨緑江渡河作戦に成功、第二軍、遼東半島に上陸。八月、旅順総攻撃。韓国の財政、外交権を日本が掌握。この年の流行り歌「日本陸軍、出陣、斥候、工兵」「軍神橘中佐」。
・近衛篤麿、四〇歳。永山武四郎、六六歳。

一九〇五年　明治三十八年　六九歳。

一月、旅行先の朝鮮から陥落直後の旅順に行き日本軍将兵を慰問。同月、安東に製材所を開設。六月、式村、本渓湖に有望な大炭鉱を発見。三月、三井物産と共に陸軍省より清国向けの武器・弾薬の払い下げを受ける。十一月、満洲・本渓湖の石炭採掘を関東総督府に出願。
☆一月、旅順陥落、同月、奉天大会戦。二月、高橋是清日銀副総裁、外債募集のため渡欧。五月、日本海海戦。六月、米国大統領、日露講和を勧告。八月、ポーツマスで講和会議始まる。九月、ポーツマス条約調印。同月、日比谷で講和に反対する国民大会、いわゆる日比谷焼き討ち事件。十一月、初代韓国統監に伊藤博文が就任。十二月、清国とロシアの権益を引き継ぐ日清条約が成立。この年の流行り歌「戦友」「美しき天然」。
・副島種臣、七八歳。岸田吟香、七三歳。

一九〇六年　明治三十九年　七〇歳。

一月、本渓湖炭鉱の開坑式。三月、札幌、日本、大阪の三麦酒会社が合同、大日本麦酒㈱設立。四月、奉天出張所を開設。七月、南満洲鉄道㈱、略称満鉄の設立委員に任命される。九月、満鉄線の敷設工事（安奉線）、及び満洲日本軍関係施設の建設工事を請負う。同月、財団法人大倉商業学校の設立が認可される。十月、古希祝賀園遊会が三日間にわたって開催、官民六〇〇人が参会。伊藤博文が祝いの七言絶句を披露。

☆三月、鉄道国有法公布、日本鉄道ほか国内私鉄一七社を買収。五月、三八式歩兵銃を陸軍の主要兵器とする。六月、南満洲鉄道（満鉄）に関する勅令公布。八月、日露通商条約交渉開始、翌年七月調印。十月、満鉄株、第一回締め切り、申し込み数一億六六四万株で空前の一〇七七倍余。十一月、満鉄創立、資本金二億円、半額政府出資（現物）、初代総裁後藤新平。この年の流行り歌「青葉の笛」「逍遥之歌」。

・福地源一郎、没、六五歳。児玉源太郎、五五歳。

一九〇七年　明治四十年　七一歳。

一月、㈱帝国ホテル設立、取締役に就任。二月、帝国劇場㈱設立、取締役に就任。二月、財団法人善隣商業学校設立認可の申請書を韓国統監府に提出。善隣の命名者は伊藤博文。三月、日清製油㈱設立。四月、善隣商業学校が開校、日本人朝鮮人共学、修業年限二年。四月、日本皮革㈱設立、会長に就任。五月、日本化学工業株設立、会長に就任。同社取締役の鈴木三郎助は、後に調味料「味の素」を開発、独立して㈱鈴木商店を設立。六月、満洲旅行に出かける。本渓湖には旅館はなく中国人民家の一室に滞在。七月、帝国製麻㈱設立、取締役に就任。同月、社団法人東京慈恵会（東京慈恵会医科大学の前身）が設立され、理事に就任。十月、大阪大倉商業学校が開校。十二月、東海紙料㈱を設立、会長に就任。この年、豪州シドニーに支店を開設、中国の漢口に出張所を開設。

☆一月、幸徳秋水ら日刊「平民新聞」を創刊、同月、東京で株式暴落、日露戦争後の経済恐慌の発端。三月、ニューヨークで株式暴落。五月、華族令改正で華族が大量誕生、陸軍四八人、海軍二五人が男爵。七月、日露協約調印。この年の流行り歌「デカンショ節」「旅愁」。

・西村勝三、七二歳。

一九〇八年　明治四十一年　七二歳。

二月、朝鮮の群山に大倉農場を始める。六月、三井物産、高田商会と兵器輸出の泰平組合を結成。八月、釜山埋築工事が完成。九月、東洋拓殖㈱の設立委員に任命される。設立は十二月、目的は韓国における殖産事業。十二月、韓国皇帝から勲一等八卦章を受ける。同月、東京帝室博物館（上野の東京国立博物館の前身）の陳列品調査委員になる。この年、満洲・大連に出張所を設置。

☆一月、警視庁、巡査派出所を「交番」と改称。同月、御木本幸吉、真円真珠養殖法の特許取得。四月、義務教育四年が六年に。同月、第一回ブラジル移民。七月、森永、ポケットキャラメル発売、一〇銭。八月、国産自動車完成。十一月、西太后、死去。十二月、清朝の新皇帝に宣統帝溥儀が即位。この年の経済恐慌は鉱工業、農業に及び、〇九年初頭まで続き、一〇年の中間景気は一二年後半に崩れ、一四年に再度深刻な不況になる。この年の流行り歌「人を恋うる歌」「不如帰」。

・岩崎弥之助、五七歳。榎本武揚、七二歳。

一九〇九年　明治四十二年　七三歳。

六月、渋沢栄一、近藤廉平らと対清投資会社、後の東亜興業㈱の設立について協議。同月、帝国ホテルの会長に就任。八月、東亜興業㈱、設立。十月、台湾に新高製糖㈱を設立、監査役に就任。この年、北海道の於更辺農場の払い下げを受け、知来別に農場を開設。

☆四月、高峰譲吉、タカジアスターゼの特許を取得。六月、両国の国技館、開館。渋沢栄一、七〇歳を機に財界引退を表明。十月、三井家同族管理部が法人化され、三井銀行、三井物産が株式会社に改組。同月、伊藤博文、ハルビン駅頭で韓国の民族主義者安重根に暗殺される。この年、日本の生糸輸出量が中国を抜いて世界一位となる。この年の流行り歌「野なかの薔薇」「ローレライ」。

・伊藤博文、六九歳。

一九一〇年　明治四十三年　七四歳。

五月、奉天で東三省総督と日清合弁契約に調印、商弁本渓湖煤鉄有限公司を設立。七月、日本初の鉄筋コンクリート工事として海軍造兵廠の材料倉庫の建設工事を着手。八月、神戸の安養山別荘の土地と建物を神戸市に寄付。現在の大倉山公園。

☆三月、東武鉄道、浅草・伊勢崎間全通。六月、「大逆事件」で幸徳秋水、逮捕。八月、日本、韓国を併合。韓国の国号を朝鮮に変更。九月、朝鮮総督府が発足、日本の朝鮮支配が始まる。

この年の流行り歌「ふじの山」「われは海の子」。

一九一一年　明治四十四年　七五歳。

二月、帝国劇場、落成。八月、恩賜財団済生会、設立。監事となる。十一月、恩賜財団済生会に一〇〇万円寄付。十二月、東京電燈㈱の取締役に就任。

☆二月、日米新通商航海条約、調印。日本は米輸入品への関税自主権を初めて確立。三月、岩本栄之助、大阪・中之島公会堂建設のため一〇〇万円寄贈。四月、東京・日本橋が石造りに改造され開通。五月、中央本線、全通。八月、警視庁、特別高等課を設置。同月、朝鮮教育令公布、日本語での教育体制整う。九月、青鞜社機関誌「青鞜」創刊。十月、辛亥革命、始まる。同月、天皇、教育勅語を朝鮮総督に下付。十一月、鴨緑江の橋梁完成、朝鮮・満洲直通列車が運転開始。同月、清朝、袁世凱内閣成立。十二月、孫文、一六年間の英米亡命から上海に戻り、中華民国臨時大総統に選出される。この年、就学率九八％、通学率九〇％。この年の流行り歌

「浦島太郎」「新どんどん節」。

・雨宮啓次郎、六六歳。横山孫一郎、六四歳。川上音二郎、四七歳。小林寿太郎、五七歳。

一九一二年　明治四十五年、大正元年、七六歳。

一月、孫文の辛亥革命臨時政府に三〇〇万円の借款供与。四月、蔵春閣、竣工。七月、大倉系企業関係者の親睦会が発足。葵町にちなんで葵会としたが、徳川家の葵会と混同することから、十月に鶴彦会に改称。九月、日本皮革㈱、上海に工場開設。

☆一月、中華民国成立。同月、安田財閥の中枢となる持株会社「保全社」設立。二月、宣統帝（溥儀）が退位、清朝滅亡。三月、袁世凱、中華民国臨時大総統に就任。四月、吉本吉兵衛、大阪で寄席を開業、翌年、吉本興業が誕生。同月、タイタニック号、氷山に衝突。六月、六ヵ国借款団規約成立、日・米・英・仏・独、露が中国の全外債を引受け、同国の利権を独占。七月、明治天皇、崩御、六一歳。九月、日本初の本格的映画会社「日本活動写真」（日活）設立。この年の内地人口五、二五二万二七五三人（東京市二〇〇万九九八〇人）、外地人口は朝鮮一、四五六万六七八三人、台湾三二一万三二二一人、樺太二一五〇人。この年の流行り歌「都ぞ弥生」「春の小川」。

・池辺三山、四七歳、藤田伝三郎、七二歳。

一九一三年　大正二年　七七歳。

二月、来日中の孫文、大倉美術館を訪れた後、向島別邸の晩餐会に出席。八月、喜寿にあたって「これからの事業は」と聞かれ「中国ですよ」と答える。十月、喜寿の寿像除幕式及び祝賀式を挙行。渋沢は祝辞で「自分は大倉に及ばないものが二つある。時々困らせられる喉と美術思想である」と述べる。寿像は大倉集古館の前庭にある。この後、返礼として帝国劇場に内外朝野の紳士淑女三〇〇人を招く。
☆四月、将棋の坂田三吉、関根金次郎に勝つ。同月、野口英世、梅毒と中枢神経系疾患の関係についての論文を発表。五月、米国でロックフェラー財団設立、基金一億ドル。七月、小林一三、宝塚唱歌隊を結成。同月、中国第二革命始まる。八月、東海道本線、全線で複線になる。岩波茂雄、岩波書店を開業。九月、袁世凱が南京を占領、第二革命失敗に終わる。十月、パナマ運河開通。十二月、台湾縦貫鉄道完成。この年の流行り歌「早春賦」「城ヶ島の雨」。
・若尾逸平、九四歳。桂太郎、六七歳。徳川慶喜、七七歳。

一九一四年、大正三年　七八歳。

一月、大倉本館の建設工事を起工。当時としては類をみない地下一階地上五階の本格的コンクリート造り。二月、本渓湖煤鉄公司、資本金を四〇〇万元から七〇〇万元に増資。三月、日本製靴㈱、大倉組を通してロシアから大量の軍用長靴を受注。引き続き、秋に軍用毛織物、革具兵器を受注。四月、上海に日中合弁の順済鉱業公司を設立。
☆一月、シーメンス事件発覚。五月、東京・代々木で昭憲皇太后大葬。六月、下平弥三郎、平凡社を創業。七月、第一次世界大戦始まる。八月、日本、ドイツに宣戦布告。十一月、大日本雄弁会、「少年倶楽部」創刊。同月、日本軍、青島を占領。十二月、東京駅開業、東海道本線の起点となる。この年の流行り歌「故郷を離るる歌」「朧月夜」。
・高島嘉右衛門、八三歳。

一九一五年　大正四年　七九歳。
一月、本渓湖煤鉄公司第一高炉の火入れ式に参列、北京で袁世凱と会見。八月、朝鮮鎮南浦の市街敷地三万三〇〇坪の埋立て工事竣工。十月、日中合弁鴨緑江採木公司と共同で日中合弁鴨緑江製材無限公司を設立。十一月、新潟県人会会長に推される。十二月、永年の勲功により男爵を授かる。
☆一月、中国に「二十一カ条要求」。三月、上海の日貨排斥運動激化。五月、中国、「二十一カ条要求」承認。以後、この日を「国辱記念日」とする。同月、大阪、難波橋が完成、美観随一。六月、上高地の焼岳が噴火し大正池が生まれる。同月、丹那トンネルの工事始まる。八月、横浜駅新築落成、旧横浜駅を桜木町駅と改称。十月、朝鮮で鉄道敷設一〇〇〇マイル祝賀会。十一月、京都御所で大正天皇の即位大礼を挙行。十二月、北里柴三郎、北里研究所を開設。年末、全国の自動車は一二四四台、人力車約一二万台、自転車約六二万台。この年の流行り歌「恋はやさしい野辺の花よ」「青島節」。
・井上馨、七九歳。

一九一六年　大正五年　八〇歳。

一月、帝国劇場を借り切り、新潟県人会が喜八郎の受爵を祝う。二月、喜寿を祝い各界から寄せられた歌・書・画を集めた「鶴乃とも」を発行。四月、狂歌振興の同好会「面白会」を結成。会誌「みなおもしろ」発行を助成。十月、喜八郎の寿像の除幕式が新発田で挙行。県下の官民一〇〇〇人を諏訪公園に招いて園遊会を催す。
☆四月、上野の花見客三〇万人。五月、豊田佐吉、自動織機の特許取得。同月、済生会病院、芝赤羽に開院。同月、陸軍、所沢で国産初の戦闘機を試験飛行。同月、貯金総額二億五三〇〇万円、前年より五〇〇〇万円増加し史上最高を記録。十月、渋沢栄一、帝国ホテルで実業界引退披露宴。十一月、東京で第一回漫画展開催、美術として漫画を強調。裕仁親王、立太子礼、皇太子となる。同月、大日本医師会創立。会長北里柴三郎。同月、頭山満、犬養健ら「対支協会」を設立。大阪商船、南米航路開設、笠戸丸就航。この年の流行り歌「新磯節」「電車」。
・袁世凱、五八歳。夏目漱石、四九歳。大山巖、七五歳。

一九一七年　大正六年　八一歳。

三月、東京毛織を設立。（東京製絨ら三社が対等合併）。七月、東京商業会議所特別会員となる。八月、日本初の私立美術館、財団法人大倉集古館を設立。十一月、㈱大倉組から分離して大倉鉱業㈱、大倉土木㈱を設立。同月、訪中、大総統馮国璋に謁見。
☆二月、米国、ドイツと国交断絶。三月、日本工業倶楽部設立、理事長団琢磨。同月、理化学研究所設立、委員長渋沢栄一。四月、沢田正二郎、新国劇を結成。同月、張作霖、中央政府からの独立を宣言。五月、日米協会が発足、会長金子堅太郎。七月、両国花火に見物の船三万隻。十月、三島海雲、カルピスを発売。舞踏家マタハリ、独スパイとして銃殺。十一月、ロシアでソビエト政府樹立。この年の流行り歌「コロッケの歌」「にくいあん畜生」。
・片山東熊、六四歳。

一九一八年　大正七年　八二歳。

一月、北海道茂尻炭鉱の開掘に着手。三月、合名会社大倉組、資本金を一〇〇〇万円から一〇〇〇万円に増資、持株会社となる。五月、大倉集古館開館、一般公開。六月、大倉製糸工場を設立。七月、株式会社大倉組を大倉商事株式会社と改称。
☆二月、米価が取引所設立以来の高値をつける。三月、松下幸之助、松下電器器具製作所を創業。五月、日本の農家の三割が養蚕を手掛け、世界の五割を供給。七月、日本の郵便貯金総額五億円、世界三位の貯金国。同月、ニコライ二世一家、銃殺。同月、米価、天井知らずの高騰、各地の取引所は全面立会中止。八月、シベリア出兵。東京電気（東芝の前身）、独立の研究所を設立。十二月、貿易収支は三億円の出超、過去四年間の合計は一四億円の出超。この年の流行り歌「宵待草」「新金色夜叉」。

一九一九年　大正八年　八三歳。

五月、鴨緑江製紙㈱を大川平三郎らと設立、持株大倉四五%、大川四〇%。八月、台湾電力を設立。九月、帝国ホテル、ライト館の建設に着手。この年、東京毛織の資本金を一〇〇〇万円から二〇〇〇万円に増資。

☆一月、小林一三、宝塚音楽歌劇学校、創設。三月、朝鮮で抗日独立運動が各地に拡大。同月、衆議院選挙法改正、選挙資格を一〇円から三円の納税者に拡大。四月、陸軍、朝鮮独立運動鎮圧のため、六個大隊と憲兵四〇〇人を派遣。同月、関東軍司令部条例公示、関東軍が独立。同月、パリ講和条約、山東半島の日本領有を承認。七月、京城に朝鮮神社創建、官幣大社に列する。八月、朝鮮、台湾の各総督府、文官総督を認め武断政治から文治化を図る。九月、寿屋、「トリスウイスキー」を発売。十月、米国議会、禁酒法を可決、翌年、施行。十一月、日本の造船額は米英に次ぎ世界三位。呉工廠で戦艦「長門」の進水式。この年の流行り歌「かなりや」「東京節」。

・辰野金吾、六四歳。板垣退助、八三歳。前島密、八五歳。寺内正毅、六八歳。

一九二〇年　大正九年　八四歳。

二月、日本無線電信電話会社（日本無線の前身）を設立。四月、帝国劇場が㈱高等演劇場（有楽座の前身）を合併。同月、大倉商業学校、大倉高等商業学校へ昇格、本科（三年制）開設。十月、同校創立二〇周年記念祝賀会。十二月、合名会社大倉組、資本金を五〇〇〇万円に増資。

☆二月、慶応、早稲田に私立大学設立を許可。引き続き明治、法政、同志社など六校。同月、松竹キネマ、設立。同月、第一回東京―箱根往復駅伝。三月、尼港事件。同月、株価暴落、戦後恐慌始まる。同月、山田耕作ら日本作曲家協会を設立。四月、商品相場、暴落。五月、戦艦「陸奥」、横須賀海軍工廠で進水式。八月、東京地下鉄道（営団地下鉄の前身）、設立。十二月、浅間山大噴火。この年の流行り歌「叱られて」「赤い鳥小鳥」。

・鴻池善右衛門、七九歳。末松謙澄、六六歳。

一九二一年　大正十年　八五歳。

一月、大倉土木組を日本土木と改称。四月、帝国ホテルライト館建設の経費を銀行から一五〇万円借り入れる。七月、中国済南に青島冷蔵を設立。十月、安田善次郎の葬儀に参列。十一月、中国吉林に吉省興林造紙有限公司を設立。この年、郡司成忠が組織する報效義会に三万六〇〇〇円を寄付。

☆三月、皇太子、欧州巡遊へ。四月、国有財産法、借地法、借家法公布。同月、メートル法を採用。九月、安田善次郎、暗殺。十月、第一回国勢調査、本土の人口五五九六万三〇五三人。同月、東京慈恵医科大、京都府立医大、設立認可。同月、歌舞伎座、漏電で全焼。十一月、原敬首相、東京駅で刺殺される。同月、皇太子裕仁、摂政となる。十二月、ワシントン軍縮会議。同月、東京市会、安田家寄付の三五〇万円で日比谷公会堂建設を決定。この年の流行り歌「めえめえ児山羊」「七つの子」。

・近藤廉平、七四歳。安田善次郎、八四歳。

一九二二年　大正十一年　八六歳。

一月、ライト館建設のため帝国ホテルの資本金を三〇〇万円から六〇〇万円に増資。四月、新高製糖㈱の高島小金治社長死亡により社長に就任。八月、満洲大連に大倉ビルディングを建設、地下一階地上五階の鉄筋煉瓦造り。十月、明後年に米寿を迎えるにあたって社会教育事業に一〇〇万円の寄付を東京市長後藤新平、東京市養育院長渋沢栄一に申し入れる。ただし二五年度から四年間に分割して納め、同院の基本財産とする。この年の富豪所得税番付で西の横綱になる。東の横綱は岩崎久弥。

☆同月、ワシントン会議終了、海軍軍備制限条約、中国に関する九ヵ国条約などに調印。四月、「週刊朝日」「サンデー毎日」創刊。同月、帝国ホテル旧館が全焼。五月、張作霖、東三省の独立を宣言。八月、産業界の横断的組織、日本経済連盟会、設立。同月、上越線清水トンネル工事、着工。六月、立命館大学、関西大学、拓殖大学が私立大学として認定される。十月、日本軍、シベリアから完全撤退。十二月、ソビエト社会主義共和国連邦、成立。この年の流行り歌「砂山」「籠の鳥」。

・大隈重信、八五歳（国民葬）。山県有朋、八五歳（国葬）。饗庭篁村、六六歳。森鷗外、六一歳。賀田金三郎、六六歳。

一九二三年 大正十二年、八七歳。

一月、帝国ホテルが社長制になり初代社長に嫡子喜七郎が就任。五月、中国山東省に山東鉱業を設立。六月、王子製紙と共同で共栄起業を設立、本社長春。同月、泰平組合、五年の満期を終了したが、陸軍省より五年の継続を認可される。八月、帝国ホテル、ライト館、落成。九月、関東大震災。震災救護資金として一〇〇万円を寄付。大倉高等商業校舎焼失。

☆一月、菊池寛主宰の月刊誌「文藝春秋」創刊。二月、丸の内に「丸ビル」完成。六月、有島武郎、波多野秋子と心中。七月、日比谷公園に音楽堂完成。九月、関東大震災。帝都復興院設立、総裁に後藤新平。十一月、安田系銀行が大合同、安田銀行発足、資本金一億五〇〇〇万円、

二代目安田善次郎が頭取。この年の流行り歌「船頭小唄」「月の砂漠」。

・加藤友三郎、六二歳。

一九二四年　大正十三年　八八歳。

二月、勲一等瑞宝章を授かる。四月、大倉高等商業新校舎竣工。六月、日本土木を大倉土木と改称。九月、米寿記念に自作狂歌七四二作を選び『狂歌鶴彦集』を刊行。朝鮮銀行、日清製油の監査役を辞任。十月、日本皮革㈱の会長、大日本麦酒㈱、東京電燈㈱、など四三会社の役員を辞任。同月、帝国劇場に内外朝野約六〇〇〇人を招いて、米寿・金婚の祝いの宴を開く。梅蘭芳の京劇で締めくくった。

☆一月、レーニン、死去。三月、村山貯水池、完成。七月、日本棋院、創立。八月、甲子園野球場、完成。九月、孫文、北伐開始を宣言。十一月、寿屋（現サントリー）、京都・山科に日本初のウイスキー工場、竣工。この年の流行り歌「からたちの花」「兎のダンス」。

・松方正義、九〇歳。郡司忠成、六三歳。

一九二五年　大正十四年　八九歳。

五月、満洲、蒙古、華北旅行。釜山、京城、安東各地で歓待される。奉天では張作霖と数回会談、特別警護が付くなど破格の待遇を受ける。六月、四平街から中国駕籠で通遼を経て蒙古に向かう。蒙古の盟主奈曼王と会見、蒙古との共同で起こした華興公司の農場を訪ね従業員を励ます。七月、奉天から山海関を経て本土入り、天津では宣統帝（溥儀）・皇后に拝謁。張家口では排日派の巨頭馮玉祥を訪ね意気投合。同月末、帰国。九月、中国政府から一等大綬宝光嘉章を授かる。九月、日本初の地下鉄工事を請けると「この工事は外国人の知恵を借りず、日本人だけでやりなさい。出来なかったら腹を切りなさい」と激励。

☆一月、講談社「キング」を創刊。七四万部売れる。東京市の地下鉄計画発表。六線、延長総計約七九キロ。日ソ基本条約調印。四月、治安維持法公布。十一月、山手線運転開始。この年の流行り歌「証城寺の狸囃子」「出船の港」。

・孫文、五九歳。

一九二六年　大正十五年、昭和元年　九〇歳。

三月、大倉集古館の再建築の設計を伊東忠太に依頼。八月、南アルプス赤石岳を踏破。九月、遺書を記す。十二月、療養中の天皇を葉山御用邸に見舞う。

☆一月、張作霖、北京政府からの独立を宣言。同月、幣原喜重郎外相、中国への内政府不干渉と日本の権益擁護を声明。四月、労働争議調停法公布。九月、日本の前年人口増は八七万人の新記録。十一月、豊田自動機械製作所、設立。十二月、天皇、崩御。昭和と改元。この年の流行り歌「この道」「鉾をおさめて」。

・加藤高明、六六歳。十五代住友吉左衛門、六三歳。

一九二七年　昭和二年　九一歳。

一月、大正天皇の棺を安置するための殯宮《ひんきゅう》の儀式に参列して途中で卒倒。翌日、男爵家の家督を喜七郎に譲るとの隠居届を宮内庁に提出。二月、大正天皇の大葬に参列。七月、実業之日本社の創立三〇周年祝賀会に出席、最年長者として万歳の音頭を取る。八月、大倉集古館、竣工。十月、朝鮮善隣商業学校創立二〇周年記念式典と自身の銅像除幕式に出席するため朝鮮に行き、金剛山観光の後、釜山開港五〇周年式典に出席して帰国。

十二月、日清火災海上を買収、大倉火災海上保険と改称（千代田火災海上保険の前身）。

☆三月、林長十郎、後の長谷川一夫、映画デビュー。同月、銀行取りつけが全国に波及、金融恐慌始まる。四月、台湾銀行休業、神戸の鈴木商店破綻。五月、安田、三井、住友、第一、三菱の五大銀行に預金が集中。同月、政府、関東軍に山東出兵を発令。六月、立憲民政党、発足。立憲政友会とともに二大政党時代へ。八月、中国共産党、南昌で武装蜂起。十二月、日本初の地下鉄、浅草・上野間、開業。この年の流行り歌「ちゃっきり節」「モン・パリ」。

・石橋思案、五九歳。徳富蘆花、五八歳。

一九二八年　昭和三年　九二歳。

一月、勲一等旭日大綬章を授かる。実業家としては初の受章。同月、実業出世番付で東の横綱にランクされる。大関が「月給五円の製図工」から身を起こした大川平三郎、関脇が「唐物屋の小僧」の服部金四郎。西の横綱が「冷やっこい水売り」の浅野総一郎、大関が「三井の小僧」の山本条太郎、関脇が「宿屋の番頭」の馬場恭平。二月、大腸がんと診断される。四月、死去。戒名は大成院殿禮本超邁鶴翁大居士。

☆二月、日本共産党機関誌「赤旗」創刊。同月、蒋介石、北伐再開。五月、済南事件。同月、野口英雄、黄熱病で死去、五一歳。六月、張作霖、爆殺。同月、治安維持法改正公布実施、死刑、無期を追加。十月、蒋介石、中国国民政府主席に就任。十一月、ラジオ体操、放送開始。同月、天皇の即位大礼。この年の流行り歌「波浮の港」「君恋し」。

・大倉喜八郎、九二歳。張作霖、五三歳。

主要参考文献

本書を執筆するにあたって直接引用したものの他に、関連する事項を確認するために参考にしたものを含めて、以下に記す。

「稿本　大倉喜八郎年賦　第三版」（編集代表・村上勝彦、刊行・東京経済大学　二〇一二年）
「改訂版・大倉喜八郎　かく語りき―進一層、責任と信用の大切さを―」（編集・東京経済大学史料委員会、発行・東京経済大学　二〇一八年）
「努力　大倉喜八郎述」（編集・東京経済大学史料委員会、発行・東京経済大学　二〇一六年刊）
「致富の鍵　大倉喜八郎述」（編集・東京経済大学史料委員会、発行・東京経済大学　二〇一七年）
「東京経済大学創立一一〇周年記念　大倉喜八郎撰　心学先哲叢集」（編集・東京経済大学史料委員会、発行・東京経済大学　二〇一〇年）
「新発田市が生んだ巨人　大倉喜八郎の生涯」（編集・新潟偉人研究会、発行・株式会社新潟テレビ21　二〇一四年）
「大成建設社史」（編著・社史発行準備会、発行・大成建設株式会社　一九六三年）
「鶴翁餘影」（編纂兼発行者・鶴友会　一九二九年）
「大倉財閥の研究―大倉と大陸」（編集・大倉財閥研究会、発行・近藤出版社　一九八二年）
「大倉喜八郎と大倉財閥の研究一」（著者・村上勝彦、『東京経済大学会誌　経済学』第二八七号　二〇一五年）
「大倉喜八郎演説集」（編集・発行東京経済大学　一九八三年）
「親父より一つ足りぬ」（著者・大倉喜七郎、日本経済新聞社　一九六二年）
「大倉商業学校　大倉高等商業学校　協議員演説集」（編集・発行東京経済大学　一九八五年）
「遺跡をめぐる歴史的背景」筆・港区教育委員会高山優、村上勝彦『武蔵川越藩松平屋敷跡遺跡発掘調査報告書』（編集・発行株式会社ホテルオークラ、株式会社武蔵文化財研究所　二〇一六年）
「古典文芸をめぐる日中文化交流史―演劇・書物を中心に大倉喜八郎の関りにふれて」（著者・村上勝彦、東京経済大学学術研究センター年報特別号　二〇一七年）
「長江流域における日本利権―南潯鉄路借款をめぐる政治経済史―」（著者・村上勝彦、『近代日本と中国』汲古書院　一九八九年）
写真集「藏春閣」（編集／発行・大成建設株式会社　撮影・岩崎和雄　二〇一三年）
「STEPS―日本製靴の歩み・一九〇二～一九八九」（編集日本製靴株式会社　社史編纂委員会、発行日本製靴株式会社　一九九〇年）

「ニッピ八十五年史 上下巻」（編集・ニッピ八十五年史編集委員会、発行・株式会社ニッピ 一九九二年）
「大倉喜八郎の豪快なる生涯」（著者・砂川幸雄、発行・草思社 一九九七年）
「鯰 元祖成金大倉喜八郎の混沌たる一生」（著者・大倉雄二、発行・文藝春秋 一九九〇年）
「政商 大倉財閥を創った男」（著者・若山三郎、発行・学習研究社 二〇〇二年）
「死の商人（改訂版）」（著者・岡倉古志郎、発行・岩波書店 一九六八年第一〇版）
「明治維新三大政治家 大久保・岩倉・伊藤論」（著者・池辺三山、編者・滝田樗陰、発行・中央公論社 一九七八年）
「野性のひとびと 大倉喜八郎から松永安左衛門まで」（著者・城山三郎、発行・文藝春秋社 一九二八年第六版）
「岩倉使節団 誇り高き男たちの物語」（著者・泉三郎、発行・祥伝社 二〇一二年）
「岩倉使節団の群像 日本近代化のパイオニア」（米欧亜回覧の会／泉三郎編、ミネルヴァ書房 二〇一九年）
「懐旧九十年」（著者・石黒忠悳、発行・岩波書店 二〇一八年第六版）
「大倉喜八郎・石黒忠悳関係雑集」（編集／発行・東京経済大学 一九八六年）
「渋沢栄一 近代の創造」（著者・山本七平、発行・祥伝社 二〇〇九年）
「現代語訳 渋沢栄一自伝『論語と算盤を道標として』」（著者・渋沢栄一、編訳者・守屋淳、発行・平凡社 二〇一二年）
「益田孝 天人録 横浜で実学を修め、三井物産の誕生へ」（著者・松永秀夫、発行・新人物往来社 二〇〇五年）
「三井物産初代社長」（著者・小島直記、発行・中央公論社 一九八五年）
「工手学校—旧幕臣たちの技術者教育」（著者・茅原健、発行・中央公論新社 二〇〇七年）
「岩崎弥太郎—国家の有事に際して、私利を顧みず」（著者・立石優、発行・PHP研究所 二〇一〇年）
「明治の巨人 岩崎弥太郎」（著者・砂川幸雄、発行・日本経済新聞出版社 二〇一一年）
「日本の一五財閥 現代企業のルーツをひもとく」（著者・菊池浩之、発行・平凡社 二〇一四年）
「波瀾萬丈」（著者・邦光史朗、発行・光風出版社 一九八四年）
「近代軍制の創始者・大村益次郎」（著者・田中惣五郎、発行・千倉書房 一九三八年）
「米国特派員が撮った日露戦争」（編者・『コリアーズ』、訳者・小谷まさ代、草思社 二〇〇五年）
「水の土木遺産 水とともに生きた歴史を今に伝える」（著者・若林高子／北原なつ子、発行・鹿島出版会 二〇一七年）

『満洲』、記憶と歴史」（編著者・山本勇造、京都大学学術出版会　二〇〇三年）
「日本統治下の朝鮮」（著者・山辺健太郎、発行・岩波書店　一九九二年）
「韓国併合」（著者・海野福寿、発行・岩波書店　一九九六年）
「植民地朝鮮の日本人」（著者・高崎宗司、発行・岩波書店　二〇〇八年）
「日本による朝鮮支配の四〇年」（著者・姜在彦、発行・朝日新聞出版　二〇一〇年）
「朝鮮の重工業　未公開資料　朝鮮総督府関係者　録音記録11」（監修・宮田節子、解説・広瀬貞三、発行・学習院大学東洋研究所　二〇一〇年）からの抜刷。
「朝鮮総督府の土木官僚本間徳雄の活動―朝鮮・満洲国・中国・日本」筆・広瀬貞三　福岡大学人文論叢第四九巻第二号抜刷　二〇一七年
「日本の朝鮮・台湾支配と植民地官僚」（編著・松田利彦／やまだあつし、思文閣出版　二〇〇九年）からの抜刷。
「南朝鮮鉄道工事と土地収用令」筆・広瀬貞三
「地域社会から見る帝国日本と植民地―朝鮮・台湾・満洲」（編者・松田利彦／陳延湲、二〇一三年）からの抜刷。
「日本の朝鮮・台湾支配と植民地官僚」（編者・松田利彦／やまだあつし、発行・思文閣出版　二〇〇九年）
「朝鮮銀行―ある円通貨の興亡」（著者・多田井喜生、PHP研究所　二〇〇二年）
「韓国・朝鮮と向き合った三十六人の日本人」（編著者・館野晳、発行・明石書店　二〇〇二年）
「台湾総督府」（著者・黄昭堂、発行・教育社　一九八一年）
「台湾出兵　大日本帝国の開幕劇」（著者・毛利敏彦、発行・中央公論社　一九九六年）
「台湾―四百年の歴史と展望」（著者・伊藤潔、発行・中央公論社　一九九三年）
「後藤新平と日露関係史」（著者・ワシーリー・モロジャコフ、訳者・木村汎、藤原書店　二〇〇九年）
「後藤新平　外交とヴィジョン」（著者・北岡伸一、発行・中央公論社　一九八八年）
「阿片と大砲―陸軍昭和通商の七年」（著者・山本常雄、PMC出版　一九八五年）
「日清戦争『国民』の誕生」（著者・佐真木人、発行・講談社　二〇〇九年）
「日露戦争」（著者・古屋哲夫、発行・中央公論社　一九六六年）
「日本のホテル小史」（著者・村岡實、発行・中央公論社　一九八一年）
「安東居留民団十年史」（編集／発行・安東居留民団法実施十周年記念会　一九一九年）
「安東文庫・居留民団時代」（著者・中川憲義他七名、発行・安東文話会　一九四三年）

「鴨緑江製材無限公司」（編集者・浦部廣三郎、発行・鴨緑江製材無限公司　一九二四年）
「鴨緑江採木公司林業史」（編纂／発行・鴨緑江採木公司　一九一九年）
「日露戦争の軍政史録」（著者・大山梓、発行・芙蓉書房　一九七三年）

村上勝彦　講演記録
・「大倉喜八郎の人生観とベンチャー精神」（大成建設株式会社研修会　二〇一六年四月二十一日）
・「蔵春閣とそこに集った人々」（大倉喜八郎の会二〇周年記念講演　二〇一八年二月十八日）
・「大倉喜八郎の旺盛な企業家精神」（米欧亜回覧の会・歴史部会　二〇一八年四月十六日）
・「一九〇〇年・英国ケンブリッジ〈トリニティ・カレッジ〉の大倉喜七郎」（特別ゲスト小山騰　コメンテーター村上勝彦　司会・長谷川倫子　二〇一八年十一月二十四日）

写真提供／著者・村上勝彦・岩﨑和雄・鈴木英介・高田愼一
大倉集古館・東京経済大学・国立国会図書館

単行本　令和元年六月「明治を食いつくした男 大倉喜八郎」改題　産経新聞出版刊

装　幀　伏見さつき
DTP　佐藤敦子

産経ＮＦ文庫

明治を食いつくした男　大倉喜八郎伝

二〇二一年九月二十二日　第一刷発行

著　者　岡田和裕

発行者　皆川豪志

発行・発売　株式会社　潮書房光人新社

〒100-8077　東京都千代田区大手町一-七-二

電話／〇三-六二八一-九八九一(代)

印刷・製本　凸版印刷株式会社

定価はカバーに表示してあります

乱丁・落丁のものはお取りかえ致します。本文は中性紙を使用

ISBN978-4-7698-7039-5　C0195

http://www.kojinsha.co.jp

産経NF文庫の既刊本

全体主義と闘った男 河合栄治郎
湯浅 博

自由の気概をもって生き、右にも左にも怯まなかった日本人がいた!河合は戦前、マルクス主義の痛烈な批判者であり、軍部が台頭すると、ファシズムを果敢に批判。河合人脈は戦後、論壇を牛耳る進歩的文化人と対峙する。安倍首相がSNSで紹介、購入した一冊!。

定価946円(税込) ISBN978-4-7698-7010-4

子供たちに伝えたい 日本の戦争 1894〜1945年
あのとき なぜ戦ったのか
皿木喜久

あなたは知っていますか?子や孫に教えられますか?日本が戦った本当の理由を。日清、日露、米英との戦い…日本は自国を守るために必死に戦った。自国を貶める史観を離れ、「日本の戦争」を真摯に、公平に見ることが大切です。本書はその一助になる〝教科書〟です。

定価891円(税込) ISBN978-4-7698-7011-1

「令和」を生きる人に知ってほしい 日本の「戦後」
皿木喜久

なぜ平成の子供たちに知らせなかったのか……GHQの占領政策、東京裁判、「米国製」憲法、日米安保——これまで戦勝国による歴史観の押しつけから目をそむけてこなかったか。「敗戦国」のくびきから真に解き放たれるために「戦後」を清算、歴史的事実に真正面から向き合う。

定価869円(税込) ISBN978-4-7698-7012-8

産経NF文庫の既刊本

来日外国人が驚いた日本絶賛語録
ザビエルからライシャワーまで
村岡正明

日本人は昔から素晴らしかった！ザビエル、クラーク博士、ライシャワーら、そうそうたる顔ぶれが登場。彼らが来日して驚いたという日本の職人技、自然美、治安の良さ、和風の暮らしなど、文献を基に紹介。日本人の心を誇りと自信で満たす一〇二の歴史証言集。

定価836円（税込）　ISBN978-4-7698-7013-5

旧制高校物語
真のエリートのつくり方
喜多由浩

私利私欲なく公に奉仕する心、寮で培った教養と自治の精神……。中曽根康弘元首相、ノーベル物理学賞受賞の小柴昌俊博士、作家の三浦朱門氏など多くの卒業生たちが旧制高校の神髄を語る。その教育や精神を辿ると、現代の日本が直面する課題を解くヒントが見えてくる。

定価902円（税込）　ISBN978-4-7698-7017-3

産経NF文庫の既刊本

台湾に水の奇跡を呼んだ男 鳥居信平　平野久美子

大正時代、台湾の荒地に立ち、緑の農地に変えることを誓って艱難辛苦の工事をやり通した鳥居信平――彼の偉業は一〇〇年の時を超えて日台をつなぐ絆となった。「実に頭の下がる思いがします」と元台湾総統の李登輝氏も賛辞を贈った日本人水利技術者の半生を描く。

定価891円（税込）　ISBN978-4-7698-7021-0

冤罪

文庫特別版　**田中角栄とロッキード事件の真相**　石井 一

「P3Cのことは墓場まで持っていく」オヤジは言った。核心には、キッシンジャーと「灰色高官」の暗躍があった。側近中の側近が問う、角栄の無実。自らも「郵便不正事件」で特捜部による「冤罪」を目にした著者が明かす、アメリカの真意、事件の真相、角栄という人物。

定価902円（税込）　ISBN978-4-7698-7020-3

産経NF文庫の既刊本

国会議員に読ませたい 敗戦秘話

政治家よ！ もっと勉強してほしい

産経新聞取材班

敗戦という国家存亡の危機からの復興、そして国際社会で名誉ある地位を築くまでになったわが国――なぜ、日本は今、繁栄しているのか。国会議員が戦後の真の歴史を知らずして、この国を動かしているとしたら、日本国民としてこれほど不幸なことはない。

定価902円（税込）

ISBN978-4-7698-7003-6

総括せよ！ さらば革命的世代

50年前、キャンパスで何があったか

産経新聞取材班

半世紀前、わが国に「革命」を訴える世代がいた。当時それは特別な人間でも特別な考え方でもなかった。にもかかわらず、彼らは、あの時代を積極的に語ろうとはしない。彼らの存在はわが国にどのような功罪を与えたのか。そもそも、「全共闘世代」とは何者か？

定価880円（税込）

ISBN978-4-7698-7005-0

産経NF文庫の既刊本

日本が戦ってくれて感謝しています
アジアが賞賛する日本とあの戦争

井上和彦

インド、マレーシア、フィリピン、パラオ、台湾……日本軍は、私たちの祖先は激戦の中で何を残したか。金田一春彦氏が生前に感激して絶賛した「歴史認識」を辿る旅——涙が止まらない！感涙の声が続々と寄せられた15万部突破のベストセラーがついに文庫化。

定価946円（税込）　ISBN978-4-7698-7001-2

日本が戦ってくれて感謝しています2
あの戦争で日本人が尊敬された理由

井上和彦

第1次大戦、戦勝100年「マルタ」における日英同盟を序章に、読者から要望が押し寄せたインドネシア——あの戦争の大義そのものを3章にわたって収録。日本人は、なぜ熱狂的に迎えられたか。歴史認識を辿る旅の完結編。15万部突破ベストセラー文庫化第2弾。

定価902円（税込）　ISBN978-4-7698-7002-9